KB265392

원-원 십

윈-윈 십
Win-Win Ship

초판 1쇄 인쇄일_2010년 5월 12일
초판 1쇄 발행일_2010년 5월 20일

지은이_강용일
펴낸이_최길주

펴낸곳_도서출판 BG북갤러리
등록일자_2003년 11월 5일(제318-2003-00130호)
주소_서울시 영등포구 여의도동 14-5 아크로폴리스 406호
전화_02)761-7005(代) | 팩스_02)761-7995
홈페이지_http://www.bookgallery.co.kr
E-mail_cgjpower@yahoo.co.kr

값 11,000원

* 저자와 협의에 의해 인지는 생략합니다.
* 잘못된 책은 바꾸어 드립니다.

ISBN 978-89-6495-000-5 03320

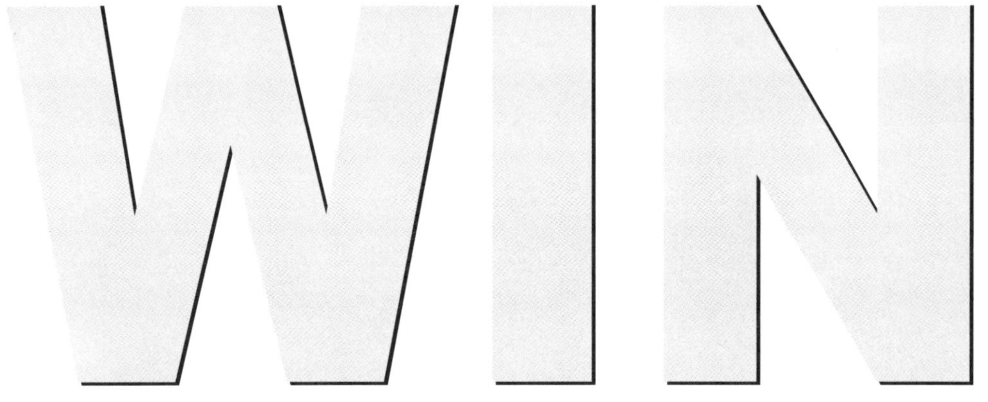

윈-윈십

win-win ship 뉴패러다임교육원 원장 강용일 지음

북갤러리

　패러다임의 변화만이 생존을 보장하는 글로벌 시대에 '생각이 바뀌면 인생이 바뀐다'를 외치며, 세상을 선도하는 강용일 원장님의 《원-원십》 발간을 축하합니다.

김경호(국제문화대학원 교수 겸 이미지메이킹센터 소장)

　한국의 대표강사 강용일 교수님의 《원-원십》 출간에 기대가 큽니다. 꼭 '베스트셀러'가 되기를 바라며 출판을 진심으로 축하합니다.

이보규(동서울대 외래교수 겸 21C사회발전연구소 소장)

　인터넷의 발달로 소통은 원활해졌지만 진정한 협업, 팀워크, 윈윈은 부족합니다. 그런 면에서 이 책은 윈윈의 지혜를 알려줄 것입니다. 리더가 되고자 하는 모든 분들에게 꼭 필요한 책입니다.

오곤식(성공컨설턴트 겸 1004클럽 회장)

　웃음과 활력, 리더십의 대명사 강용일 원장님! 저서 《원-원십》과 더불어 무한한 발전과 번영을 기약합니다.

장진원(겸임교수 겸 SLA잠재력개발원 원장)

시원한 강의와 통쾌한 웃음, 해학이 넘치는 명강의! 더구나 이번 저서 《윈-윈십》을 통해 많은 분들이 희망을 얻기를 소망합니다.

김문희(성공컨설턴트 겸 한국성공학연구소 소장)

사람을 즐겁게 하는 유쾌한 웃음과 전국을 강타하는 통쾌한 강의로 유명하신 강용일 원장님의 출간을 축하합니다. 진정한 성공을 나누는 최고의 《윈-윈십》 리더이십니다.

최규상(한국유머전략연구소 소장)

강용일 원장님의 저서 《윈-윈십》엔 세상을 사는 지혜가 있습니다. 성공하는 방법이 있습니다. 행복한 삶이 있습니다. 저서의 출판을 축하합니다.

김완철(성공컨설턴트 겸 두손테마여행 대표)

재미와 감동과 유익! 그것이 강의장에서 강용일 원장님의 모습입니다. 잠시도 딴 생각을 허락지 않는 매력 만점의 화신! 강용일 원장님, 《윈-윈십》의 출간을 축하합니다.

서필환(성공컨설턴트 겸 성공사관학교 교장)

'윈-윈십'의 존재 이유는 '신나는 변화!'

여러분! 오늘도 주어진 하루를 어떻게 소진하고 계십니까? 어떤 분은 신나게 사시는 분도 계실 것이고, 또 어떤 분은 난관에 봉착한 분도 계실 것입니다.

최근 어느 조사에 의하면 우리 조직인 2명 중에 1명은 주어진 환경에 불만이 있다고 합니다. 불만이 있는 1명은 딴 생각을 한다는 것이지요. 예를 들어 조직에 100명이 있다면, 대체로 50명은 조직에 올인하는 반면, 나머지 50여 명은 딴 생각을 한다는 것입니다. 올인 하는 50여 명은 딴 생각을 하는 50여 명을 먹여 살리는 셈이지요.

여러분은 조직에 올인하는 그룹입니까? 딴 생각을 하는 그룹입니까?

이 책의 목적은 조직에 전념하는 50여 명은 물론, 딴 생각을 하는

50여 명도 신나게 일할 수 있는 분위기로 전환시켜 드리는 데 있습니다. 그러면 점차 회사는 잘 되어 가리라고 확신합니다.

'신나는 변화!' 그것이 이 저서의 존재이유일 것입니다.

유네스코는 21세기 평생학습시대의 네 가지 기둥을 제시했습니다. 첫 번째 기둥은 Learn to know. 즉 알기 위한 학습이고, 두 번째 기둥은 Learn to act. 옳게 행동하기 위한 학습이고, 세 번째 기둥은 Learn to live together. 더불어 살기 위한 학습이고, 마지막 네 번째 기둥은 Learn to be. 즉 생존하기 위한 학습입니다.

모두들 어떻게 하면 내가 생존할까 하고 고민하고 있는 것 같습니다. 내가 생존하는 방법은 위의 유네스코의 세 번째 기둥처럼 '더불어 사는 방법(Learn to live together)'을 먼저 배워야 한다고 생각을 합니다. 그러면 마지막 네 번째 기둥인 내가 생존할 수 있는 (Learn to be) 능력이 생기는 것이지요. 더불어 살줄 알아야 혼자서도 살 수 있지 않겠습니까. 즉 파트너십이 강한 집단일수록 혼자서도 생존할 가능성이 많습니다.

아프리카의 리카오(들개)는 10마리만 모이면 200kg이나 나가는 사자와 맞먹는다고 합니다. 사자가 공격하면 도망을 가는 척하다가 얼른 돌아섭니다. 어디서 그런 자신감이 나올까요? 목숨을 아끼지 않고 덤벼드는 용맹함과 부상당한 동료의 먹거리를 챙겨주는 팀워크와 파트너십에 있다는 것입니다.

이제 우리는 함께 살아야 합니다. 다민족 다문화가정 시대입니다. 어려운 때일수록 더욱 팀워크로 뭉쳐야 합니다. 가까이 가려면 혼자 가고, 멀리 가려면 같이 가라는 말이 있습니다. 인생은 단거리 경주가 아니라 장거리 마라톤입니다. 당연히 함께 가야 하겠지요. 우리는 멀리 가야 하기 때문입니다.

서로 손을 잡고 격려하면서……. 함께 멀리 가도록 하십시다.

감사합니다.

2010년 4월
강용일

차례

1장 내가 원하는 세상

1장
내가 원하는 세상

1장
내가 원하는 세상

| 감성시대와 웃음경영 |

사람은 크게 보면 두 마음으로 살아갑니다. 하나는 '경쟁심'이고 다른 하나는 '협력심'입니다. 경쟁심은 머리로 한다면, 협력심은 가슴에서 나오는 것입니다. 사람이 머리와 가슴이 있어야 하듯, 경쟁심과 협력심이 있어야 발전할 수 있습니다.

경쟁심이란 누군가와 경쟁해서 이기려는 마음을 뜻합니다. 사람은 경쟁의식이 있어야 앞으로 나아갈 수 있습니다. 승부욕이 강하다는 이야기죠. 예를 들면 피겨 스케이팅의 김연아 선수와 일본의 아사다 마오 선수가 서로 경쟁의식을 갖고 있기 때문에 발전하는 것이겠지요. 밴쿠버 동계올림픽에서는 김연아 선수가 놀라운 점수로 우승을 하였습니다. 아사다 마오 선수는 준우승을 했지요. 그런데 2010 이탈리아 토리노 팔

라벨라 세계 선수권대회에서는 아사다 마오 선수가 우승을 했습니다. 김연아 선수는 준우승을 했고요. 동계올림픽 때와는 정반대가 된 것이지요. 바로 이것입니다. 게임은 지기도 하고 이기기도 하는 것입니다. 어떻게 꼭 이길 수만 있겠습니까. 경쟁의식을 갖고 피나는 훈련을 하는 것 자체가 성장하는 것입니다. 승패는 하늘에 맞기고 열심히 뛰는 것입니다. 누구한테든지 '지고는 못살아' 하는 소리를 가끔 듣습니다. 경쟁심이 강하다는 이야기지요. 그런 사람은 스포츠 분야에서 성공할 가능성이 많습니다.

경쟁심 못지않게 중요한 것은 협력하는 마인드입니다. 동료와 협력하는 마음, 이웃에 나누는 마음, 사회에 헌신하고 봉사하는 마음 등은 참으로 아름답지요. 이런 마음이 있어야 세상에서 약하고 어려운 사람들도 살아갈 수 있습니다. 어차피 세상은 강자와 약자가, 또는 있는 자와 없는 자가 어울려서 사는 세상이니까요.

그러면 두 마음 중에 한 마음만 있으면 어떻게 될까요? 예를 들면 경쟁심만 있거나 협력하는 마인드만 있으면 어떻게 될까요? 정상적인 생활이 안 될 것입니다. 이를테면 경쟁심만 있다면 어떻게 될까요? 조직에서도 경쟁, 집에서도 경쟁, 사회에서도 경쟁, 경쟁……. 경쟁만 하다 보면 살벌해서 못 살 것입니다. 또한 협력심만 있으면 어떻게 될까요? 아마 그 경우에도 어려움이 있기는 마찬가지일 것입니다. 사람은 한없이 좋은데 경쟁심이 없다 보니까 능력이 없어져서 결국에는 도태되지 않을까 합니다. 그렇다면 경쟁심과 협력심이 조화를 이루는 게 필요하지요.

그런데 경쟁과 협력을 다른 차원으로 생각해 보겠습니다. 다른 각도로 보면 경쟁을 'IQ = Intelligent Quotient', 협력을 'EQ = Emotional Quotient'라 할 수 있을 것입니다. 또는 경쟁을 '이성(異性)'이라 한다면, 협력을 '감성(感性)'이라 할 수 있을 것입니다. 20세기를 이성의 시대라 한다면, 21세기를 감성의 시대라 할 수 있겠지요. (이성의 시대는 이성을 70~80%로 본다면, 감성을 20~30% 정도로 보고, 감성의 시대는 감성이 70~80%, 이성을 20~30% 정도로 보면 어떨까 싶습니다. 어느 쪽이든 100% 완벽한 게임은 없고 서로 융합하면서 살아간다고 할 수 있을 것입니다.)

조직도 '이성적인 조직'과 '감성적인 조직'은 서로 다릅니다. 이성적인 조직은 이성의 시대에는 번창하였지만, 감성의 시대에는 생존의 위협을 느끼게 됩니다. 변신하지 않으면 쇠퇴하거나 쇠락을 면치 못할 것입니다. 예를 들면 'GM 및 코닥, JAL과 도요타'와 같은 회사는 이성적인 회사라 할 수 있을 것입니다. 이들은 이성의 시대에는 무한히 번성하였습니다. 그러나 감성의 시대에는 어려움을 겪게 된다는 이야기입니다. 변신해야 합니다. CEO부터 전 구성원이 변화를 모색해야 합니다.

이성적인 회사가 갖고 있는 기존의 강점을 방어하고 유지하려면 기업들은 더욱 어려워질 것입니다. 그들은 기존의 성공모델에 집착하는 경우가 많기 때문입니다. 누구도 시도하거나 도전한 적이 없는 새로운 경쟁우위와 고객가치를 공격적으로 창조하는 기업의 시대가 될 것입니다. 예를 들면 '구글'이나 '애플' '모나비(MONAVIE)' 또는 한국의 '삼성', 'LG', '현대차' 그리고 일본의 '미라이공업'과 같은 기업이 여기에 해당이 되겠지요. 이외에도 여러 기업들이 있을 겁니다. 그러나 감성조직이라 하더라도 생존이 보장되는 것은 아닙니다. 그들은 그들대로 최선을 다해야 하겠지요. 조직 구성원을 관리하는 방식도 다릅니다. 이성의 시대에는 구성원이 하루 8시간 일을 한다면, 그 시간을 가장 효율적으로 관리해야 합니다. 빈틈없이 과업수행을 하도록 해야 합니다. 그래야 성과가 오르기 때문입니다.

그러나 감성의 시대에는 어떻습니까? 조직원의 정서적인 면을 생각해야 합니다. 정서적으로 안정이 되면서 자기의 역량을 최대한 발휘할 수 있도록 해줘야 합니다. 그래야 스트레스를 덜 받아서 최상의 컨디션으로 일을 할 수 있습니다. 그러기 위해서는 일터를 놀이터처럼 꾸미거나 카페처럼 꾸며서 조직원들의 상상력을 최대화해야 합니다. 상상력, 감성시대의 또 다른 표현이 아닌가 생각합니다.

직무구조도 쉽게 실증을 느낄 수 있는 단순반복적인 업무에서 흥미를 유발하는 업무로 재구성하고 재설계해야 합니다. 그래서 자율적이고 창조적인 일에 도전함으로써 일과 놀이가 하나가 되는 문화를 만들어 나가야 한다는 것입니다.

창조적인 일을 하는데 도움이 되는 것이 웃음과 유머입니다. 사람은 기분이 좋으면 어떤 일도 해낼 수 있습니다. 그러나 기분이 나쁘면 또 어떤 일도 해낼 수 없습니다. 웃음은 우리의 기분을 좋게 해줍니다. 정서를 안정되게 해줍니다. 감성시대에 맞는 철학이 Fun이요, 웃음이 아닌가 합니다.

| 이성적인 조직과 감성적인 조직의 진단법 |

이성적인 조직과 감성적인 조직을 진단하는 방법은 어려울 수도 있지만, 의외로 간단할 수도 있습니다. 조직은 바로 사람입니다. 그 조직의 사람을 진단하면 조직은 진단이 되니까요.

우선 CEO부터 임원 그리고 전 구성원들이 나는 어떤 유형의 사람인가를 진단해보면 알 수 있지 않겠습니까?

자, 이성적인 조직은 좌뇌(IQ)형 인간에 비유할 수 있을 것이고, 감성적인 조직은 우뇌(EQ)형 인간으로 비유할 수 있을 것입니다.

예를 들면 우뇌형 CEO는 애플의 스티브 잡스, 이건희 삼성그룹 회장, 정몽구 현대차그룹 회장, 구본무 엘지그룹 회장 등으로 알려져 있고, 좌뇌형 CEO는 이윤우 삼성전자 부회장 등 많은 분들이 있겠지요. 본인의 이야기를 하거나 관심을 가지고 조사를 해보기 전에는 좌뇌형인지 우뇌형인지 쉽게 알 수는 없습니다. 그러나 일하는 스타일을 보면 어떤 형인지 감이 잡히기는 하지요.

그러면 좌뇌형 인간이 좋은가? 우뇌형 인간이 좋은가? 좌뇌는 좌뇌대로 특징이 있고, 우뇌는 우뇌대로 특징이 있기 때문에 어느 쪽이 좋다고 굳이 이야기하기는 어려울 것입니다.

그러나 욕심을 부린다면 아무래도 이 시대는 감성의 시대이기 때문에 우뇌형이 낫지 않을까 하는 정도입니다. 어느 형이 좋다고 해서 쉽게 자신의 유형을 바꾸기는 쉽지 않을 것입니다. 즉 좌뇌형에서 우뇌형으로 또는 우뇌형에서 좌뇌형으로 바꾸는 것은 사람의 습관을 바꾸는 것만큼 어렵지 않겠나 하는 생각입니다.

시대를 초월해서 살아가려면 양쪽 모두를 아우르는 일명 전뇌형 인간도 바람직하다는 생각이 듭니다. 좌뇌의 특징과 우뇌의 특징 중에서 필요에 따라 좋은 점만을 발췌해서 사용할 수 있을 것이기 때문입니다.

일반적으로 알려진 좌뇌형 인간과 우뇌형 인간을 구분하는 요소를 아래에 열 가지씩만 적어보겠습니다.

✎ 좌뇌형 인간(이성적인 조직)
① 논리적이고 분석적이고 체계적이다.
② 전체보다는 부분을 보는 경향이 있다.
③ 일을 체계적으로 하는 편이다.
④ 빈틈없는 과업수행과 성과를 목적으로 한다.
⑤ 생산적이고 효율적이다.
⑥ 여행할 때 세부사항을 계획하고 미리 준비한다.
⑦ 결과 지향적이다.
⑧ 악기연주를 잘한다.
⑨ 독서를 좋아한다.
⑩ 말을 잘하는 편이다.

📝 **우뇌형 인간(감성적인 조직)**

① 타인과 협력하며 팀워크를 잘 이룬다.

② 예술 분야에 능통한 편이다.

③ 자율과 창의가 있는 편이다.

④ 격식과 형식을 파괴하는 것을 좋아한다.

⑤ 정서가 안정되어 있는 것을 좋아한다.

⑥ 결과도 중요하지만 과정을 더욱 중시한다.

⑦ 음성을 통해 그 사람의 생각을 잘 읽는다.

⑧ 유머와 농담을 좋아한다.

⑨ 상상력이 풍부하다.

⑩ 자연을 좋아한다.

예시된 사례에서 좌뇌형 인간의 항목이 7항목 이상 나오면 좌뇌형이고, 우뇌형 인간의 항목이 7항목 이상 나오면 우뇌형입니다. 상대적으로 많이 나오는 쪽이 자신의 유형이라는 것입니다. 좌·우뇌 반반 비율로 나오면 좌우뇌가 균형과 조화를 이룬 경우입니다. 일명 전뇌형이라는 것이죠. 뇌 전체를 사용하기 때문에 행복할 것입니다. 일반적으로 균형을 이루어 전뇌형이 되려면 왼손과 오른손을 함께 쓰는 것이 좋다고 합니다.

| 윈-윈십(win-win ship)의 발휘 |

"잠시 여러분에게 불편을 드리도록 하겠습니다. 불편을 좀 드려도 실감나는 교육을 하는 것이 강사의 도리라고 생각을 하기 때문입니다. 그러면 얼마나 불편을 드리느냐 하면 3~4분 정도면 됩니다. 그 정도는 참을 수 있지요?"

"네……."

제가 강의를 하면서 가끔 청중에게 하는 말입니다.

"좋습니다. 그럼 모두 자리에서 일어서 주세요. 신발을 벗어주십시오. 그리고 자신이 앉았던 의자 위로 올라서 주시기 바랍니다. 다 올라 서셨습니까? 그럼 이렇게 상상해보세요. 여러분은 지상 100m 위에 서 있다고 말입니다. 그것도 H빔 위에 아슬아슬하게 말이죠. 그리고 그 H빔을 한발 한발 조심스럽게 건너서 100m만 가면 그곳에 여러분이 원하는 모든 것이 다 있습니다. 좋은 집이 있고, 좋은 차가 있고, 금은보화가 있다는 거지요. 즉 성공과 행복이 그곳에 있다는 것입니다. 그것을 우리는 목표라는 말로 하지요. 목표를 달성하는 것은 쉬운 일이 아닙니다. 그러나 불가능한 일도 아닙니다. 그곳을 향해 여러분은 걸어가셔야만 합니다. 갈 수 있겠습니까? 지금까지 수많은 분들이 도전했지만 성공한 사람은 2%도 안돼요. 확률도 낮고, 위험합니다. 두렵습니다. 망설여질 수밖에 없습니다."

두려움, 현대인에게 삶이란 어찌 보면 두려움으로 가득 차있습니다. 무한경쟁, 약육강식과 같은 말들이 현대를 요약하는 말들로 여겨집니다. 이때 저는 이런 말을 계속합니다.

"자, 여러분. 손을 내미셔서 옆에 있는 분들과 손을 마주 잡아 보시기 바랍니다. 그리고는 의자가 허용하는 범위 내에서 반발작만 앞으로 걸어보시기 바랍니다. 어떠세요? 한결 쉽고 편한 느낌이 들지 않습니까? 나혼자 고고하게 걸어가기보다는, 이렇게 손을 잡고 걸어가면 한결 쉽다는거지요. 멀리 가려면 함께 가라는 말이 있듯이, 함께 가면 위험한 길도덜 위험하게 느껴지지요."

이것을 우리는 팀워크라고 합니다. 또는 파트너십이라고도 합니다. 함께 협력해서 일을 하면 효율이 증대되고, 능률이 향상되고, 성과가 극대화된다는 말이지요. 생산성도 오른다는 의미입니다.

여러분, 난생 처음 의자 위에 서서 교육을 받아보고 있지 않습니까? 처음 경험하는 것은 오래도록 기억이 됩니다. 여러분, 오래도록 이 장면을 기억하셔도 괜찮습니다. 왜? 좋은 장면이니까요. 학습하고 교육하는 장면처럼 아름다운 장면도 없을 겁니다. 자신의 의자를 100m 위에 있는 H빔이라고 생각하면서, 옆 사람과 손을 잡고 걷는 연습!① 아찔한 높이에서 이웃의 소중함을 느껴보는 훈련!② 사람은 누군가와 함께하면 큰 힘이 될 수 있다는 경험!③ 여러분은 잠시지만 소중한 체험들을 하고 계십니다. 이와 같은 체험이 가정과 조직의 발전을 가져오는 알파요, 오메가라고 말하고 싶습니다.

우리는 서로서로 도와야 합니다. 돕되 시너지를 창출할 수 있도록 도와야 합니다. '시너지의 창출!' 이것이 승승을 가져오는 정신이지요. 승승은 나도 이기고 너도 이기는 하나의 룰입니다. 조직도 이기고 개인도 이겨야 합니다. 어떻게 하면 서로 효율적으로 도와서 승자가 될 수 있을까를 생각해 보아야 합니다. 우선 내가 몸담고 있는 조직이 잘 되어야 합니다. 조직이 살아야 개인도 살 수 있습니다. 조직이 없는데 개인이 무슨 의미가 있습니까? 우린 노사분규를 종종 봅니다. 대부분의 근로자들이 우리에게 잘해 달라 이겁니다. 좋습니다. 그럴 권리가 있지요. 그러나 근로자는 회사가 잘 되도록 해놓고 대우가 소홀하면 그때 분규를 일으켜도 되지 않겠습니까. 회사가 죽을 지경인데 자기 몫만 챙기려한다면 그건 곤란한 일입니다. 함께 망하는 길이기 때문입니다. 그런 조직을 우리는 종종 봅니다. 안타까운 일이지요.

조직의 전 구성원은 오케스트라처럼 조화를 이뤄야 합니다. 서로가 서로를 훼방하지 않으면서 하모니를 이룰 때, 우리는 그것을 '윈-윈십'이라고 말합니다. 우리 모두가 함께 승리한다는 뜻이지요. 혼자서의 승리도 좋지만 더불어 승리는 더욱 값진 승리가 아닐까요?

| 비전상실 증후군 |

우리의 삶을 보면, 삶이 힘들수록 구성원의 팀워크가 와해되고 찢겨 발리는 경우가 많습니다. 그 바람에 우리 가정이 깨지고 조직이 무너져 내리고 있습니다. 특히 이번 미국발 경제위기로 적지 않은 이들이 타격을 받았다고 합니다. 경제위기는 이제 거의 끝난다고 하지만 서민들의 삶은 여전히 어렵습니다. 삶이 어려워지면 더욱 더 뭉치고 화합하면서 어려움을 극복해 내야 하는데 그렇지를 못하고 있습니다. 가정도 그렇고 조직도 그렇습니다. 왜 그럴까요? 리더와 그 구성원들이 비전이 부족해서, 일종의 비전 상실증후군이 아닌가 생각해 봅니다.

　상당수의 사람들은 뚜렷한 목표를 갖지 않는다고 합니다. 하버드 대학의 조사결과를 보면 87%의 사람들이 제대로 된 목표가 없이 지낸다고 합니다. 물론 몰라서 그럴 수도 있지만, '열심히만 살면 되지 않겠느냐'라고 생각을 합니다. 물론 열심히 사는 것은 기본입니다. 반드시 열심히 살아야 합니다. 열심히 살다보면 뭔가 이루어지기도 합니다. 그러나 열심히 만으로는 한계가 있다는 거지요. 어떤 한계가 있을까요? 역경과 위기가 오면 우왕좌왕하면서 무너져 내린다는 것입니다. 목표가 없으니 우왕좌왕할 수밖에 없다는 것이지요. 열심히 사는 것에다 플러스 뭔가가 있어야 합니다.

　그것이 무엇일까요? 바로 비전이요, 목표입니다. 여기 분명한 목표가 있는 사람이나 조직이 있다면 아무리 여건이 어려워도 목표를 향해 나아갈 것입니다. 우리 조직에는 대부분 비전이나 목표가 있습니다. 그러나 목표가 있다 하더라도 그 목표를 전 구성원이 함께 공유해야 합니다. 그러려면 자주 목표다짐 또는 비전다짐대회 같은 것이 필요하지요. 그래야 구성원의 가슴속에 그 비전이나 목표가 살아 있게 됩니다.

　목표가 없으면 항해하는 배는 목적지가 없는 것과 같고, 활이 화살을 당겼으나 과녁이 없는 것과 같습니다. 그렇다면 당신은 열심히 살기 전에 삶의 방향을 정하는 것이 먼저가 아닐까요? 지금은 스피드 시대입니다. 그러나 속도보다 더 중요한 것은 삶의 방향이라는 것이지요. 만일 당신이 가야 할 방향이 아닌 곳으로 열심히 간다면 어떻게 되겠습니까?

그만큼 돌아와야 할 시간이 많이 걸리겠지요. 간만큼 시간낭비, 인생낭비가 되지 않겠습니까?

사람은 미래의 뚜렷한 비전이 있고, 그 비전을 향해 오늘 해야 할 일을 하는 사람, 자신이 갈 길을 뚜벅뚜벅 걸어가는 그 사람의 모습은 참 아름답습니다. 비록 현실에 만족하지 않다하더라도 그의 가슴은 늘 벅찰 것입니다. 왜? 꿈이 있기 때문입니다. 꿈이 있는 사람은 불평하지 않습니다. 자신이 있는 모든 곳을 신나는 일터로 만들어 갑니다. 일터가 크건 작건 그건 전혀 문제가 되지 않습니다. 크면 큰 대로 안정되어서 좋고, 작으면 작은 대로 직장과 동시에 자기 자신도 함께 커 갈 수 있기 때문에 좋습니다.

우리는 꿈을 가져야 합니다. 그래야 희망차게 살 수 있습니다. 어떠한 역경과 난관도 꿈이 있을 때 거뜬히 그것을 극복할 수 있습니다. 꿈이 없다면 역경을 극복할 열정도 사라져버립니다. 의지도 약해집니다. 자신감도 없어집니다. 팀워크도 사라져버립니다. 스스로 일어서서 나갈 용기도 없어집니다. 따라서 나를 살리고 우리를 단합하게 하는 그 꿈을 가져야 하겠습니다.

꿈을 구체화한 것이 비전이요, 비전에 달성 날짜를 달아서 세분화한 것이 목표입니다. 따라서 꿈과 비전과 목표는 결국 같은 것입니다.

우리 아들이 어린 시절에 낮잠을 자다가 귓속말로 "여기 돈이 있다!"고 하면 벌떡 일어나곤 했는데 그 돈! 어린 아이였지만 돈이 참 좋았나 봅니다. 자다가도 벌떡 일어나게 하는 그것은 무엇일까요? 그것이 곧 목표이지요. 우리는 모두 상실된 목표를 회복해서 희망차게 살아봤으면 좋겠습니다.

| 목표는 사람들을 벌떡 일어나게 한다 |

아침에 기상하는 습관을 보면 그 사람이 어떤 사람인가를 짐작하게 됩니다. 예를 들면 "아이고 허리야!" 하면서 힘들게 일어나면, 그 사람은 십중팔구 목표가 없는 사람입니다. 그런데 '벌떡!' 일어나면 그는 분명코 목표가 있는 사람일 가능성이 많습니다.

목표가 있는 사람은 그날그날 할 일이 분명한 사람이고, 그날그날 할 일이 분명한 사람은 가슴이 설레어서, 아침에 일정한 시간이 되면 저절로 눈이 번쩍 떠지는 것입니다. 일어나서는 어떻게 하는가? 그가 하는 말을 들어봅시다.

"희망찬 하루가 밝았다! 멋진 하루가 시작된다!"고 아침인사를 합니다. 누구에게 인사를 합니까? 주변의 자연환경에 대해서 "싱그러운 아침을 주심에 감사합니다"는 인사를 하는 거지요. 그리고 다짐합니다. "오늘도 내가 만나는 모든 고객들에게 희망의 메시지를 전해주겠다! 오늘도 내가 만나는 모든 동료들에게 기쁨의 노래를 불러주겠다!" 다짐을 합니다. 내가 오늘 만나는 모든 분들에게 희망과 기쁨을 주어서 그들을 행복하게 하겠다는 나의 다짐의 소리를 들으면 기분이 어떨까요? 삼삼

합니다. 내가 하는 소리를 내 귀로 듣는 거지만 기분이 좋아요. 그 소리를 들으면 내 세포가 좋아서 막 춤을 춥니다. "와, 신난다! 와, 기쁘다! 와, 즐겁다! 오늘은 나, 강용일의 날이다!"라고 하면서 설레는 마음으로 하루를 시작합니다.

빌 게이츠는 젊은 시절 "모든 가정에 내가 만든 컴퓨터 한 대씩을 놓도록 하겠다!"는 꿈을 꿉니다. 그러자 DEC사의 캔 올슨 회장은 "무엇 때문에 가정에 컴퓨터가 필요한가?"라면서 반대를 합니다. 그것도 나름대로 이해가 되는 것이 70년대 후반과 80년대 초, 당시에는 컴퓨터가 엄청나게 컸습니다. 그렇게 큰 컴퓨터를 대기업 같은 데만 놓던 시절이었습니다. 그런 큰 컴퓨터를 보고 있던 캔 올슨 회장은 "뭣담시 저렇게 큰 컴퓨터가 각 가정에 필요하겠는가" 하고 반대를 했던 것도 무리한 얘기는 아니었던 것 같습니다.

그러나 빌 게이츠의 머릿속에는 어떤 그림이 그려집니까. 지금은 그토록 큰 컴퓨터지만 시간이 흐를수록 점차 작아져서 결국은 노트 한 권 정도의 분량이 될 것이라는 것을 그리고 있었던 거지요. 결국 그는 자신의 꿈을 이루었지요. 이제 정상적으로 일을 하는 모든 가정에는 컴퓨터 한 대 씩을 가진 세상이 되었습니다. 60조라는 어마어마한 돈을 가진 세계 최고의 부자가 된 것입니다. 부자가 되었을 뿐만 아니라 세상에 없는 사람들을 가장 많이 돕는 사람이 되었습니다.

우리의 정주영 회장도 둘째가라면 서러운 분입니다. 그는 그날 고객들을 만나서 이야기하고 성취할 것을 생각하면 가슴이 설레어서, 새벽

네 시가 되면 저절로 눈이 번쩍 떠진다고 하였습니다. 여러분도 그렇게 눈을 뜨십니까? 그러면 미래는 여러분의 것입니다. 그분은 매일매일 빨리 밤이 가고 새벽이 속히 오기를 기다린다는 거지요. 왜요? 빨리 고객들을 만나고 싶기 때문입니다. 그분은 한시도 만지작거리면서 꾸물대지 않는다고 합니다. 도전합니다. 그리고 성취합니다. 이것이 꿈을 가진 사람들의 기상방식이고 생활방식입니다.

신나는 일터는 누가 만드는가? 사장님이 만드는가? 고객님이 만드는가? 내가 만드는가? 당연히 내가 만듭니다. 단, 그 나는 꿈을 꾸어야 합니다. 꿈을 꾸는 사람은 누군가와 교류하려고 합니다. 교류를 해야 그 속에서 뭔가 이루어지는 것이지요. 그 교류 속에 아름다운 인간미와 따뜻한 정도 나누게 되지요. 교류가 없는 삶은 생각도 할 수 없습니다. 교류는 곧 소통이지요. 소통은 사랑입니다. 여러분, 일터를 사랑하십니까? 일터를 사랑하는 분은 동료들도 사랑합니다. 자기 일도 물론 사랑하게 되지요. 동료를 사랑하고, 일을 사랑하고, 일터를 사랑하는 분이야말로 미래가 보장된 분들입니다.

직장에서 성공하는 법을 아십니까? 그건 간단합니다. 목표를 설정하고 그 목표에 올인하는 생활을 하는 것입니다. 삼성생명 이○○ 사장은 신입사원시절부터 사장이 되는 것이 목표였습니다. 그는 목표에 올인하는 생활을 한 결과 사장이 되었습니다. 그의 이야기를 한 번 들어 봅시다.

"나는 신입사원시절부터 사장을 꿈꿔왔고 그래서 사장이 되었다. 회사

에 출근하고 싶어 새벽 2시, 3시, 4시에 잠에서 깨어났다. 일이 좋고 일을 사랑하기 때문에 직장에 출근하는 것이 너무나 자랑스럽고 보람 있었다. 한때는 달력에 빨간 날이 있는 것을 싫어했다. 그날은 놀아야 하기 때문이다. 365일 하루도 쉬지 않고 출근한 게 아마도 4년은 넘을 것이다."

과연 이런 사람이 몇 명이나 될까요. 그렇기 때문에 크게 성공한 사람이 적은 것입니다. 성공하려면 뭔가 남과는 달라야 합니다. 남같이 하면 남 이상 될 수 없습니다. 따라서 남과 다른 뭔가 한 가지를 차별화해서 그 일에 올인하는 것입니다. 그러면 성공할 것입니다.

신나는 일터는 꿈이 있는 한 사람, 한 사람 때문에 만들어지는 것입니다. 일터가 크고 작고는 그렇게 중요하지 않습니다. 크면 큰 대로 작으면 작은 대로 좋은 것입니다. 일터가 크면 안정되어서 좋고, 작으면 일터가 커가면서 나도 함께 크게 되니 그것도 괜찮습니다. 따라서 꿈이 있는 사람은 회사가 크니 작으니 불평하지 않습니다. 오직 꿈의 달성을 위해 노력할 뿐입니다. 결국 꿈이 있는 한 사람, 한 사람 때문에 회사는 밝아집니다. 분위기가 좋아집니다. 신나는 일터는 그렇게 만들어지는 것입니다.

만일 당신이 30억 원의 복권에 당첨된다면 기분이 어떨까? 아마 모르긴 해도 펄쩍펄쩍 뛸 것입니다. 손을 높이 쳐들고 만세라도 부를 것입니다. 꿈의 실현과정도 어쩌면 이와 비슷할지 모릅니다. 개인의 성향에 따라 다르겠지만 어떤 분은 자신의 꿈이 달성되면 펄쩍펄쩍 뛰기도 할 것이고, 어떤 분은 조용히 그 기쁨을 만끽하기도 할 것입니다. 꿈은 모든 문제를 해결해줍니다. 꿈은 '만능 해결사' 입니다. 가난을 물리치고 위기를 극복하게도 해줍니다.

우린 5천년 역사에 1천회 가까운 외침을 받았습니다. 9백회가 넘는 수난을 당했습니다. 견디기 힘든 위기의 연속이었습니다. 그러나 용케도 우리는 이 국토를 지키면서 살아가고 있습니다. 우린 단 한번도 남을 침략한 적이 없는 민족입니다. 선량한 민족이지요. 선과 악이 싸우면 누가 이깁니까? 악이 이길 것 같지만 결국엔 선이 이깁니다.

지난 50~60년대에 우린 얼마나 가난했습니까? 저 장충체육관을 우리 손으로 설계를 못해서 필리핀 사람이 와서 설계를 했다 하지 않습니까? 우린 필리핀보다 못사는 나라였습니다. 가난하고 기술도 낙후했습니다. 그러나 지금의 기술은 어떻습니까? 세계 최고의 수준입니다. 반도체, 전자, 철강, 조선, 자동차 등 거의 모든 부분에서 최정상을 달리고 있습니다. 저 두바이에 세계에서 가장 높은 빌딩이 준공이 되었지요. 162층(828m)이던가요? 우리의 기술로, 삼성건설이 짓지 않았습니까?

우리에겐 다행이도 꿈이 있었습니다. 잘 살아보자는 꿈이었습니다. 그래서 잘 살아보자는 노래를 부르면서 잘 사는 훈련을 하였습니다. "잘 살아 보세~. 우리도 한번 잘 살아보세. 잘 살아 보세." 또 이런 노래도 불렀습니다. "새벽종이 울렸네. 새아침이 밝았네. 우리 모두 일어나 새마을을 가꾸세." 젊은 분들은 모르시겠지만 나이 지긋하신 분들은 다 압니다. 우린 이와 같은 새마을 노래를 부르면서 마을을 청소하고 지붕을 개량하면서 새마을 운동을 전개한 결과, 잘 사는 기틀을 마련하게 되었지요. 이제 우리는 도움 받는 나라에서 도움을 주는 세계 유일의 나라가 되었습니다. 참으로 자랑스럽지 않습니까.

2006년도이던가요? 세계적인 경제 기관인 골드만삭스(Goldman-sachs)가 예측하였습니다. 2050년이 되면 우리는 세계 2위의 나라가 된다는 것입니다. 국민소득이 1인당 8만 달러가 된다는 거지요. 여러분은 이 예측을 어떻게 보십니까. 혹시 터무니없는 이야기라고 생각하십니까. 그 근거를 제시했습니다. 첫째, 교육수준이 매우 높고, 둘째, 성공에 대한 강한 열정이 있으며, 셋째, IT 및 BT에 대한 폭발적인 성장 잠재력이 있다는 거지요.

대학진학률이 우리나라처럼 높은 나라가 어디 있습니까. 통계청이 발표한 2009년 사회지표에 따르면 대학진학률이 2008년 83.8%에서 2009년 81.9%로 약간 떨어졌지만 여전히 80%를 웃돌고 있습니다. 성공에 대한 확신도 매우 높습니다. 또 우리나라처럼 고속 인터넷이 팍팍 터지는 나라가 어디에 있습니까. 어느 강사가 미국의 로스앤젤레스엘 갔는데 동영상이 잘 올라가지 않아서 애를 먹었다는 겁니다. 그래서 우리나라가 그리워지더라는 겁니다.

우리가 고쳐야 할 것도 많이 있을 겁니다. 낮은 투명성과 도덕률도 제고해야 합니다. 일시적인 현상인지는 몰라도 섹스관광도 분명히 고쳐야 할 일입니다. 캄보디아던가요? 그 나라에서는 우리 한국사람과는 국제결혼을 잠정적으로 금지한다는 발표를 하였다고 합니다. 그곳 여성

25명을 쭉 세워놓고 마음에 드는 사람을 고르라고 했다면서요? 참 한심한 일입니다. 어찌하여 21세기에 이런 일이 일어날 수 있습니까? 정말 창피한 일입니다. 우리가 좀 산다고 너무 거들먹거리는 건 아닌지요? 좀 더 겸손하고 배려하는 마음을 가져야 합니다.

이런 것들만 고쳐나가면 우리는 혁신적으로 발전해 갈 겁니다. 얼마 전 밴쿠버 동계 올림픽에서 소위 'G' 세대들의 활략이 대단하지 않았습니까. 김연아를 비롯한 이상화, 모태범, 이정수, 이승훈 등 금메달을 딴 선수는 물론 은메달 6개, 동메달 2개 등 14개의 메달로 종합 5위를 차지했습니다. 대단한 일입니다. 역대 최고성적입니다. 이들이 올림픽에서의 자신감으로 세계무대를 향해 정진해 갈 때 우리는 계속 발전해 갈 것으로 믿습니다.

그러나 우리는 앞서는 것도 중요하지만 한편 빈곤층의 삶의 질을 개선해 나가는 것도 필요합니다. 우리나라 빈곤층이 2010년 3월 현재 300만 가구가 넘었다고 합니다. 부양가족까지 합치면 700만 명에 달할 것으로 보입니다. 이는 중산층의 감소로 소득계층이 항아리형에서 피라미드형으로 변해가고 있음을 뜻합니다. 또 이는 빈부격차로 사회적 갈등과 복지비용의 부담증가로 이어질 것입니다. 빈부격차가 갈수록 심한 이유는 고용 없는 성장과 금융위기까지 겹치면서 나타난 현상이라고 보여집니다.

필자도 서민층이기는 하지만 여기에서 탈피하는 방법은 역시 꿈이요, 목표라고 생각을 합니다. 분명한 꿈을 갖고 땀을 흘리는 것입니다. 동계올림픽에서의 5위를 획득한 것처럼, 남이 땀을 열 바가지 흘리면 나는 열다섯 바가지 흘린다는 각오로 열심히 노력하면 가난에서 벗어날 수도 있을 것입니다.

옛날 얘기지만 저희 할머니는 농사철에는 새벽 3시가 되면 일어납니다. 시계가 거의 없었던 때지만 새벽에 첫 닭의 울면 일어나니까 그때가 세십니다. 일어나서 놉(일꾼)을 일립니다. 그 놉이 소의 먹거리를 해주는 동안, 할머니는 밭에 가서 일할 준비를 철저히 합니다. 아침을 먹고 한참을 걸어서 밭에 가면 그때야 동녘 하늘에서 새벽의 여명이 밝아옵니다.

우리 할머니는 누구보다도 부지런했던 것 같습니다. 그런 덕분에 그 동네에서는 부자로 살았습니다. 조그만 부자는 근면이 만들고, 큰 부자는 하늘이 만든다고 하지 않습니까? 동네 분들이 무슨 일이 나면 할머니에게 와서 상의를 합니다. 그러면 할머니는 그런 일은 이렇게 처리하고, 저런 일은 저렇게 처리하면 좋겠다고 말하곤 하였습니다.

배움이 없는 시골 할머니셨지만, 일자무식의 촌로였지만 사리판단이 분명하고 세상물정을 훤히 꿰뚫는 분이셨습니다. 할머니는 철저하게 그날그날의 할 일이 있었던, 일명 꿈이 있는 할머니셨습니다. 몇 년 전에 97세를 일기로 돌아가셨지만 영원히 존경하는 할머니, 사랑합니다. 영면하소서!

우리는 우리의 경쟁자를 이기려고만 합니다. 물론 이기는 것이 확실하게 생존하는 길입니다. 그러나 패러다임을 살짝 바꿔서 그들을 우리의 우군으로 만들 수는 없을까를 고민해 보자는 것입니다. 우군으로 만드는 일은 경쟁자를 이기는 일보다 어쩌면 한 수 위의 일일 것입니다. 같이 생존하자는 전략이기 때문입니다. 그런 전략이 설 때 우리는 비즈니스를 즐겁게 할 수 있을 것입니다. 즐겁게 일할 때 성과도 더욱 높아지겠지요.

언젠가 유머 발전소의 최규상 소장이 이런 메일을 보내왔습니다. 지하철에서 중학생 두 명이 닌텐도 게임을 합니다. 한 학생은 계속 이겼고, 다른 학생은 계속 집니다. 진 학생이 불평을 합니다.

"왜 나는 계속 지기만 하지? 아이 씨~."

그러자 또 다른 학생이 밝은 표정으로 말을 합니다.

"하하하! 너는 나에게 지게만 되어 있어. 왜냐면 너는 나를 늘 이기려고만 하잖아. 그런데 나는 즐기면서 하지."

바로 이것입니다. 즐기면서 하면 최고의 경쟁력이 생기는 것입니다. 우리는 농구를 하든, 축구를 하든 상대를 이기려고 생각하면 그때부터 왠지 긴장이 되면서 생각대로 잘 안 되는 경우가 많습니다. 막말로 고스톱을 쳐봐도 알 수 있습니다. 상대방을 꼭 이기려고 하면 패부터 잘 안 들어오는 겁니다. 그런데 오늘은 즐기면서 하겠다고 하면 패도 잘 들어오고 뒷장도 잘 맞는 경우가 많습니다. 즐긴다고 생각하면 의외로 게임도 즐기면서 승자가 되는 경우가 적지 않지요.

논어에 보면 지호락(知 < 好 < 樂)이라는 말이 있습니다. 아는 것은 좋아하는 것만큼 못하고, 좋아하는 것은 즐기는 것만큼 못한다는 뜻입니다. 즐기는 것이 최고의 삶이라는 것입니다. 즐기면서 공부를 한다면 최고의 점수로 어떤 시험에도 합격이 될 것입니다. 또한 비즈니스를 즐기면서 할 수만 있다면 모든 고객을 기쁨으로 감동을 주면서 최고의 업적을 쌓을 수 있을 것입니다. 즐기면서 인생을 산다면 그처럼 신나고 지혜롭고 위대한 삶이 있을까 하는 생각이 듭니다.

우리가 협상을 한다고 생각해 봅시다. 우월적 지위를 이용해서 상대방의 모든 것을 박탈한다면 어떨까요? 좋을까요? 안 좋을까요? 그는 합법적으로 모든 것을 잃지만 심히 불쾌할 것입니다. 그 순간부터 그는 나의 철천지원수가 될 것입니다. 칼을 갈지 않겠습니까. 나의 평판도 안 좋아질 것입니다. "야, 강용일 원장 말이야. 피도 눈물도 없는 사람이더구먼. 나의 모든 것을 빼앗아 가더구먼!" 이라고 하면서 칼을 갈겠지요.

미국에서는 총기난사 사건이 심심치 않게 일어납니다. 언젠가는 총기난사 사건이 한 달 사이에 9건이나 발생했다고 합니다. 그들을 조사해보니 대부분 실직자라고 합니다. 그들은 협상에서 누군가에게 져서 자신이 갖고 있는 모든 것을 박탈당했을 가능성이 많습니다. 칼을 갈겠지요. 막연히 그 사회에 대해서도 불만을 품을지도 모릅니다. 그때부터 그들은 사회의 불안요인으로 작용하지 않았겠습니까?

우리 사회에도 이와 같은 일들이 얼마든지 일어날 가능성이 많습니다. 그와 같은 불안요인을 최소화하는 게 필요합니다. 그러려면 어떻게 하면 될까요? 비록 내가 승자라 하더라도 상대방의 모든 것을 박탈하지는 말자는 것입니다. 제로섬게임방식을 취하지는 말자는 것이지요. 승자의 몫으로 열 개를 취할 수 있다면 그 중에서 일고여덟 개 정도는 내 몫이지만, 2~3개 정도는 패자의 몫으로 남기자는 것입니다. 그러면 승자는 승자대로 여유가 있지 않겠습니까. 패자는 패자대로 다시 재기할 수 있는 근거가 될 수 있는 것입니다.

다시 도전할 수 있는 근거를 마련한 패자는 나에게 감사한 마음을 갖지 않겠습니까. "야, 강원장말이야. 참 괜찮은 사람이더구먼. 신사야, 신사! 그가 모든 것을 가져갈 수 있었음에도 불구하고 내 몫으로 두세 개나 남겼더라고!" 이러면서 그는 나의 우군이 되지 않겠습니까?

윈-윈십(win-win ship)이라고 하는 것은 있는 자와 없는 자가 함께 사는 것을 말합니다. 승자와 패자가 공존하는 것을 말합니다. 노와 사가 상생하는 것을 말합니다. 나아가 인간과 자연이 공존하는 21세기형 생존전략입니다. 함께 살고 함께 성공하는 것은 우리 인간이 풀어야 할 영원한 과제인지 모릅니다. 오늘 그 과제를 푸는 해법을 필자가 나름대로 제시해보았습니다.

자, 이와 같은 삶은 가능할까요, 불가능할까요? 여러 의견들이 있으시겠지만 저는 가능하다고 생각을 합니다. 있는 자가 모든 곳에서 조금만 양보를 하면, 승자가 패자를 위해서 조금만 관용을 베풀면 얼마든지 가능할 것입니다. 승자의 미덕을 발휘하면 됩니다. 또한 패자는 승자를 증오할 것이 아니라 감사한 마음으로 받아들여야 합니다. 또 그가 승자가 되어도 같은 방법을 취하면 되겠습니다. 이렇게 해서 우리는 함께 사는 것입니다.

우리는 죽으면서 모든 걸 놓고 갑니다. 한 푼도 챙겨갈 수 없습니다. 이 사회는 나의 생활터전일 뿐입니다. 생·노·병·사가 일어나지요. 다만 어떻게 하면 보다 성공적인 인생을 살다가 갈 수 있을까 하는 마음뿐입니다. 어떻게 하면 이 사회에 기여하면서 살다가 갈까 하는 마음뿐입니다.

인간은 끝없는 경쟁 속에서도 협력을 통해서 발전을 추구해야 합니다. 경쟁과 협력이 인간 삶의 근본입니다. 경쟁이 끝나는 날 발전도 없을 것입니다. 또한 협력이 끝나는 날 우리의 가슴은 삭막해질 것입니다. 경쟁과 협력의 조화가 필요합니다.

승리하는 것은 어찌 보면 성취감을 맛보기 위해서일 것입니다. 함께 승리하는 방법을 찾는다면 함께 성취감을 맛보게 되겠지요. 여기에 대한 해법이 필자는 윈-윈십이라고 보는 것입니다. 함께 승리하는 삶이라는 뜻입니다. 우리 모두 더불어서 승리하는 삶을 살았으면 합니다.

| 나는 세상에서 가장 중요한 나의 CEO |

사실 우리는 모두가 다 CEO입니다. 나의 CEO이고 내 가정의 CEO입니다. 거기다가 어떤 모임이나 단체의 CEO일 수도 있습니다. 단체의 책임을 맡고 있다면 그 단체의 CEO이고, 모임을 이끌고 있다면 그 모임의 CEO입니다.

CEO는 모임이나 단체를 잘 이끌어야 합니다. 책임자이기 때문입니다. CEO가 잘하면 안 되던 모임이나 단체도, 어느 순간부터 잘 되는 경우가 많습니다. 그 경우 CEO를 관찰해보면 그에게는 분명히 배울 점이 있습니다. 그것 때문에 조직도 변화가 일어나는 것입니다. 물론 그 반대의 현상도 있지요.

나는 나의 CEO입니다. "나는 물론 세상에서 가장 중요합니다." 그래서 MIP(Most Important Person)라는 말도 있듯이, 가장 중요한 나를 어떻게 다루느냐 하는 것은 참으로 중요합니다. 나는 나의 CEO로서 자질이 충분한가? 나는 나를 손색이 없이 이끌고 있는가? 나를 잘 이끌어야 주변도 이끌 수 있겠지요. 나를 잘 이끌지 못한다면 어떻게 될까? 마약이나 술, 또는 담배에 찌들어서 나를 비틀거리게 하고 있다면……. 특히 연말연시에 술자리가 많은 상황에서 나는 어떤 CEO인가를 생각해 봅니다. 이 기회를 통해서 반성할 것은 반성을 하고, 채워나갈 것은 채워나가도록 하겠습니다. 특히 다음과 같은 CEO가 될 수 있도록 최선을 다하겠습니다.

첫째, 나는 나의 CEO로서 올바른 패러다임을 갖고 있는가? 하는 것을 살펴봅니다. 패러다임은 무엇입니까? 세상을 보는 안목, 관점, 시각 등을 총체로 패러다임이라고 합니다. 쉽게 이야기하면 생각을 패러다임이라고 할 수가 있겠지요. 그래서 미국의 저명한 심리학자 윌리엄 제임

스는 "금세기 최대 발견의 하나는 인간이 생각을 바꿈으로써 운명도 바꿀 수 있다"고 하였습니다.

그 순서는 "생각이 바뀌면 행동이 바뀌고, 행동이 바뀌면 습관이 바뀌고, 습관이 바뀌면 성품이 바뀌고, 성품이 바뀌면 운명이 바뀐다"고 했습니다. 나의 운명을 바꾸기 시작하는 부분은 생각이기 때문에 생각은 운명의 씨앗인 것입니다. 그렇습니다. 생각을 바꾸면 운명이 바뀝니다. 패러다임 쉬프트가 중요한 것 같습니다.

둘째, 나는 나의 CEO로서 건강한가? 다행히도 건강합니다. 갈수록 건강이 좋아지고 있습니다. 다행한 일이지 뭡니까? 아주 튼튼합니다. 그러나 장담할 일은 못됩니다. 건강은 아무리 조심해도 지나치지 않기 때문입니다. 나는 모든 곳이 나의 건강관리센터라고 생각을 합니다.

필요하다면 어디든지 타인에게 피해를 주지 않는 범위 내에서 늘 운동을 하지요. '모든 생활현장을 건강 현장으로!' 이것이 나의 모토 가운데 하나입니다. 그래서 지하철을 타고 다니다가도 거울 앞에 서서 발을 돌려보기도 합니다. 물론 사람들이 없을 때지요. 그러면 건강에 많은 도움이 되는 것 같습니다. 굳이 건강센터를 찾을 필요가 없지요. 나의 건강비법 중 하나가 아닌가 생각합니다.

셋째, 나는 나의 CEO로서 경제적으로 튼실한가? 사실 이 부분이 좀 약한 부분입니다. 그러나 이 부분도 갈수록 좋아지고 있습니다. 경제가 멈추면 올 스톱이 되지요. 이번에 경제위기를 실감하지 않았습니까? 지난번에도 IMF를 경험하지 않았습니까? 경제가 멈추면 사람들간의 팀워크도 약해지는 것 같습니다. 함께하면 일이 잘 되는데도 흩어집니다. 찢겨 발립니다. 따지고 보면 목표가 없기 때문인 것 같습니다. 목표가 없음으로 우왕좌왕 하면서 흩어지는 겁니다. 그러므로 꿈을 꾸고 목표를 갖는 것이 우왕좌왕 하지 않고 팀워크를 이루며 잘 사는 길입니다.

넷째, 나는 나의 CEO로서 이 사회에 공헌하는가? WHO, 세계보건기구에서 건강한 사람을 정의했는데 육체적으로 건강한 사람, 정신적으로 건강한 사람, 사회적으로 건강한 사람, 영적으로 건강한 사람이라고 했습니다. 나는 특히 사회적으로 건강하다는 말에 의미를 부여합니다. 사회적으로 건강하다는 것은 함께, 더불어서 건강하다는 것이지요. 있는 자와 없는 자가 서로 돕고, 가진 자와 덜 가진 자가 서로 나누고, 조금 더 가진 자와 조금 덜 가진 자가 협력할 때, 그때 행복이 있지 않을까. 그때 기쁨이 있지 않을까. 인간은 협력하고, 상생하는 시스템 속에서 생활할 때 사는 맛이 있을 것입니다. 인간은 사회적인 동물이기 때문입니다.

다섯째, 나는 나의 CEO로서 가정이 행복한가? 가정의 행복은 가장의 패러다임이 일차적으로 중요합니다. 그리고 구성원들의 사공방식도 중요하지요. 인생관은 어떠한가? 가치관은 무엇인가? 하는 철학적인 문제와 맞물려 있는 것 같습니다. 가볍게 생각하면 웃음이 중요합니다. 웃음은 가정의 행복을 가져옵니다. 온 식구가 웃는 시간을 갖는다면 합동으로 행복한 시간이 될 것입니다. 처음엔 어색하고 왠지 분위기가 안좋을 수도 있습니다. 그러나 웃으면 가정은 행복해집니다. 가정이 행복하고 화목해야 사회가 행복합니다. 가정이 바로서야 세상이 바로 섭니다. 나는 가정을 바로세우는 CEO가 되겠습니다.

　여섯째, 나는 나의 CEO로서 매일매일 학습하는가? 학습이 멈추면 그 순간부터 발전도 정체됩니다. 따라서 학습은 미래를 담보합니다. 학습하는 CEO가 되어야 합니다. 나는 끝까지 학습형 CEO가 되겠습니다. 아무리 훌륭한 인품을 갖고 있다 하더라도 학습을 멈추면 그 순간 발전도 멈추게 됩니다. 학습을 멈추고 배움을 멈추면 모든 것은 정체되고 말 것입니다. 따라서 학습은 참으로 중요합니다. 나를 위한 학습이지만 사실은 그 학습은 남을 위한 학습이 되어야 합니다. '배워서 남 주자'는 말이 있습니다. 과거에는 '배워서 남 주나!' 라는 말이 있었습니다만, 지금은 배워서 남 줘야 합니다. 내가 남을 위해서 뭔가 봉사를 할 때, 그 남도 나를 위해서 뭔가 해줄 것입니다. 이것이 함께 사는 길입니다.

　일곱째, 나는 CEO로서 사람들에게 친절하게 다가가는가? 세상의 모든 것은 공명한다고 생각을 합니다. 악기만 공명하는 것이 아니라 사람도 물체도 공명하는 것입니다. 예를 들면 건성으로 "잘 있었니?"라고 하면 상대도 건성인 대답을 한다는 것이지요. 그렇지 않고 정성스럽게 "잘 있었니?" 하고 물으면 상대도 정성스럽게 대답을 한다는 것입니다. 똑 같은 말이지만 내가 어떤 기분으로 말을 하느냐에 따라 그의 반응이 달라진다는 것입니다. 내가 막 대하면 막 대하고, 조심스럽게 대하면 그도 조심스럽게 대하는 경우가 많습니다.

　어느 TV인가에서 외국의 동물치료사가 동물에게 텔레파시를 주고받는 것을 보았습니다. "어떤 고양이가 주인아줌마를 몹시 싫어합니다.

밥을 주는 것조차도 싫어합니다. 그 주인이 밥을 들고 나타나면 으르렁 거립니다." 그때 동물치료사가 "아무 말 없이 고양이를 쳐다봅니다. 고양이는 순식간에 편안해지는 듯 슬금슬금 그 치료사에게 다가옵니다. 어느새 친구가 된 듯 다정한 모습입니다." 사람과 동물은 눈빛으로 대화를 하는 것을 알았습니다.

눈빛! 그 속에 마음도 있겠지요. 마음이 눈빛을 통해 잘 전달되어야 합니다. 왜 주인을 싫어할까. 딸이 길가에서 고양이를 주워오는데 엄마가 싫어했다는 거지요. 그 엄마가 싫어하면서 억지로 밥을 준다는 것을 느꼈던 것 같습니다. 결국 엄마는 고양이에게 친해지는 방법을 배워서 고양이와 친해졌다고 합니다. 이것은 무엇을 가리킵니까? 공명한다는 거지요. 싫어하는 눈빛으로 고양이를 보면 고양이도 싫어하고, 좋아하는 눈빛으로 고양이를 보면 고양이도 좋아한다는 것이지요. 사람도 동물도 서로 공명한다는 것을 명심해야 하겠습니다.

따라서 친절은 인간관계의 기본입니다. 마음에서부터 상대를 좋아해야 합니다. 그것이 눈빛을 통해 전달이 되어야 하겠지요. 만일 마음이 싫어하면 눈빛도 달라지지 않겠습니까. 고양이는 주인아줌마의 눈빛이 자기를 좋아하지 않는 눈빛이라고 느꼈던 것 같습니다. 내 마음이 좋아하는 것을 눈빛과 말을 통해, 또는 행동을 통해 전달하는 것을 친절이라고 하지요. 이처럼 친절은 모든 관계에서 중요한 요소입니다. 나는 사람만이 아니라 동물들도 잘 대하고 있는가. 친절, 서비스, 배려는 모든 관계의 기본입니다. 기본을 지키는 CEO가 되겠습니다.

이상 7가지를 다시 한 번 정리해보면 첫째, 올바른 패러다임을 갖고 있는가. 둘째, 건강한가. 셋째, 경제적으로 튼실한가. 넷째, 사회에 공헌을 하는가. 다섯째, 가정이 행복한가. 여섯째, 지속적인 학습을 하는가. 일곱째, 친절한가. 이상 7가지를 실천하는 CEO가 되도록 최선을 다하겠습니다.

| 토끼의 패러다임 쉬프트가 맹수를 이기다 |

눈 덮인 설원에서 강한 맹수와 약한 토끼가 대결한다면 누가 이길까요? 사나운 맹수와 유순하기 짝이 없는 토끼가 대결한다면, 결과는 보나마나 뻔한 것이라고 생각을 하십니까? 현장 설명을 좀 하지요.

어느 설원에 맹수가 한 마리 나타납니다. 잠시 후에는 맹수와 한 30m쯤 떨어진 곳에 토끼가 나타납니다. 토끼가 나타나자 맹수는 그 토끼를 쫓기 시작합니다. 금방 따라 붙습니다. 30m에서 20m, 10m, 5m, 1m, 30cm, 10cm로 거리를 급속도로 좁혀갑니다.

"안됐다, 토끼야. 왜 하필 그때 나타났니?" 우린 토끼가 맹수에게 잡혀 먹히게 생겼으니까, 안타까운 생각으로 그런 생각을 하는데 토끼가 맹수에게 잡히기 직전에, 그야말로 일촉즉발의 순간에 희한한 일이 벌어집니다. 토끼가 갑자기 사라져버린 것입니다.

토끼는 어디로 갔을까요? 네. 눈 속으로 들어가고 말더라 이 말입니다. 순간적으로 눈 속으로 들어간 그 토끼는, 자기들이 달려온 역방향으로 주행을 해서, 어느 지점에 불쑥 나타납니다. 몇 초전까지 자기를 쫓던 그 맹수를 지상으로 올라오자마자 바로 쳐다봅니다. 와, 토끼의 방향감각이 대단하데요. 첫 눈에 맹수를 쳐다보았으니까요. 맹수도 그 토끼를 쳐다봅니다. 서로가 서로를 쳐다보는 겁니다.

자, 그러면 그 맹수는 토끼를 다시 쫓을 생각을 할까요? 못할까요? 끝까지 한다는 사람도 있고 못한다는 사람도 있습니다. 예. 정답은 못하더라 이 말입니다. 맹수는 기선제압을 당하고 "내가졌다!"라고 하는 듯 고개를 설레설레 저으면서 숲속으로 사라지고 맙니다.

자, 지금은 스피드 시대입니다. 거기다가 힘까지 좋으면 금상첨화죠. 맹수는 토끼보다 빠르기도 하고 힘까지 좋습니다. 그런데도 이 게임에서는 토끼에게 완벽하게 졌습니다. 무엇에서 졌을까요? 스피드 시대에 아이러니하게도 느린 토끼가 빠른 맹수를 눌러 이겼다고 할 수 있습니다. 무엇에서 이겼을까요?

우리가 인생을 살아가다 보면 이 토끼처럼 벼랑 끝에 설 때가 있습니다. 사면초가 상태가 될 때가 있습니다. 막다른 골목에 다다를 때가 있습니다. 적어도 몇 번 정도는 누구나 어려움에 처할 때가 있지 않겠습니까? 여러분은 어려움이 오면 어떻게 하십니까? 그 어려움에서 어떻게 빠져 나오십니까?

패러다임을 바꾸는 것이 답이 아닐까 생각합니다. '자살'을 거꾸로 하면 '살자'가 되듯이 패러다임을 쉬프트하면 인생이 달라질 수 있습니다. 따라서 문제를 푸는 방법은 생각을 바꾸는 것입니다. 생각이 바뀌면 인생이 바뀝니다. 발상의 전환이 참 중요하다는 겁니다.

토끼의 순간적인 발상의 전환이 맹수를 따돌렸다고 할 수 있을 것입니다. 물리적인 힘과 조건에서는 도저히 맹수를 이길 수 없는 불리한 상황임에도 불구하고 토끼는 맹수를 이겼습니다. 계속 쫓기다가 결정적인 순간에 눈 속으로 들어감으로써 전세를 뒤엎은 토끼의 비상함에 찬사를 보냅니다.

이것이 세상입니다. 빠른 자가 승리하는 것이 아니라 결국 승리하는 자가 강한 자입니다. 패러다임 쉬프트, 이러한 것들이 세상을 발전시키고 있습니다. 나는 어떠한가 한번 생각해보십시다.

| 메기의 포기하지 않는 정신 |

같은 종류의 동물들이 싸우는 것을 보면 박진감이 넘쳐 보입니다. 예를 들면 개가 개와 싸운다든지, 드문 일이지만 소나 말 등 다른 동물들이 서로 싸우는 것을 가끔 볼 때가 있습니다.

헌데 전혀 의외의 동물인 뱀과 물고기(메기)가 싸우면 누가 이길까요? 물이 빠지는 개울물에서 물이 충분치가 않자 메기가 파닥파닥 거리고 있었습니다. 때마침 지나가던 뱀이 그 물고기를 발견하고는 얼른 그 물고기에 접근해서 덥석 뭅니다.

아, 그런데 이상한 일이 벌어집니다. 메기를 문 그 뱀이 고개를 치켜들고 입을 쫙— 벌린 채 고개를 막 흔들다가 퍽— 하고 쓰러지고 맙니다. 힘이 소진된 뱀이 죽은 거예요. 그 뱀에게 무슨 일이 있었을까요. 뱀이 메기를 물고 삼키기 직전에, 메기가 뱀의 혀를 물고 늘어진 것입니다. 뱀이 혀를 물렸기 때문에 메기를 뱉어 내려고 입을 벌려 머리를 막 흔들다가 기진맥진해서 죽더라 이 말입니다. 한번 물면 놓지 않는 메기의 정신이 뱀을 죽게 만든 것입니다.

만일 메기가 뱀의 입속에 들어가 있기 때문에 이제 나는 죽었다 하고 포기했더라면, 메기는 뱀의 입속으로 쏙 빨려 들어가 뱀의 살이 되고 피가 되고 말았을 것입니다. 그런데 끝까지 포기하지 않은 정신이 뱀을 죽게 만들더라는 거죠. 메기의 '포기하지 않는 정신'을 배워야 합니다. 그 정신이 우리를 생존케 하는 것입니다.

황새와 개구리의 이야기도 유명하지요. 미국에 사는 어떤 사람이 포기하지 말자는 의미에서 어느 날 팩스 한 장을 보냅니다. 그 내용은 이렇습니다. 황새가 개구리를 잡아먹는데, 황새의 부리 속에 들어간 개구리가 목구멍으로 넘어가기 직전에, 갑자기 팔을 뻗어 황새의 목을 조르는 장면이 가관입니다. 황새는 개구리가 갑자기 두 팔을 이용해 자기의 목을 조르자 땀을 뻘뻘 흘리며 죽어간다는 이야기입니다. 아무리 불리한 상황에 있다 하더라도 포기하지 않는다면 승리한다는 메시지입니다. 개구리가 황새의 입속에 들어갔기 때문에 나는 죽었다 하고 포기했다면 두 팔을 뻗을 생각은 못할 것입니다. 이 장면은 'Never Give Up' 이라는 내용으로 많은 분들의 사랑을 받고 있습니다.

어떤 사람이 자기 땅에 금맥이 있다는 이야기를 듣고 그 금맥을 찾기 위하여 괭이로 땅을 파기 시작합니다. 한참 파도 금맥이 안 나오자 그 사람은 자기의 땅을 다른 사람에게 팔아버리고 말았습니다. 새로 산 사람이 예감이 이상해서 그 금맥을 팠더니 불과 몇 미터도 채 파기 전에 금맥이 쏟아져 나오더라는 거지요. 횡재를 한 것입니다.

이와 같이 우리는 조금만 더하면 될 것을, 성공 직전에 성공을 포기하는 경우가 많이 있다고 합니다. 여명이 오기 전의 새벽은 깜깜합니다. 조금만 있으면 새벽이 올 텐데, 환한 대낮이 올 텐데 우리는 깜깜한 것만 생각하고 그것을 모르고 있는 듯합니다.

여기 또 다른 동물인 악어와 뱀이 싸우다 악어를 먹은 뱀이 채 죽지 않은 악어가 뱃속에 들어가서도 몸부림을 치자, 배가 터져 죽은 사건이 미국에서 있었습니다. 참 기이한 일입니다. 악어가 뱀을 이길 것 같은데 일단 뱀이 이겼다가 결국은 모두 죽었으므로 무승부라 해야 할까요? 과욕은 금물입니다. 일단 내 입속으로 넣으면 될 것 같은데 그것도 아닌 것 같습니다. 뱀이 메기를 먹다가 죽은 사건이나, 황새가 개구리를 먹다가 혼쭐이 난 일이나, 뱀이 악어를 먹다가 죽은 일에서 조그마한 교훈을 느껴야 할 것 같습니다.

먹어도 가려서 먹자는 것입니다. 메기는 먹지 맙시다. 혀가 물려서 내가 죽을지 모르니까요. 개구리라고 우습게보지 맙시다. 두 팔로 목을 조를지 모르니까요. 악어도 먹지 맙시다. 배가 터져서 내가 죽을지 모르니까요.

어떻든 메기와 같은 포기하지 않는 정신이, 우리 인생에서도 무척 중요한 것 같습니다. 당신이 정진하고 있는 그 일에 조금만 더 열정을 바치세요. 그러면 그 일은 당신을 성공으로 안내할지 모르기 때문입니다. 포기하지 않는 삶이 성공을 부른다는 거지요. 포기는 성공의 적입니다.

| 배수진을 치자 |

우리는 무슨 일을 시작하면서 나름대로 결연한 의지를 다집니다. "이 일은 꼭 이루고야 말겠습니다!" 하고 말입니다. "이 일은 되도 좋고, 안 되어도 괜찮습니다!"라면서 일을 하는 사람은 없을 것입니다. 결연한 의지를 다지는 표현 중에 우리는 이 일에 "운명을 겁시다!"는 말처럼 강건한 의미가 담겨있는 표현은 없을 겁니다.

"운명을 겁시다."

바이킹은 배를 해안에 정박시키고 난 뒤, 전광석화와 같이 해안을 가로질러 도시를 점령하고, 언덕 꼭대기에 있는 요새를 포위합니다. 그런 다음 해안가에 있는 자신들의 배가 선장의 명령에 의해 불타고 있는 것을 내려다봅니다.

"됐어. 타고 온 배는 불타고 있어!"

왜 자신들의 배를 불태웠을까요? 바이킹은 영원히 그 땅에서 살기 위해 배에다 불을 지르도록 했습니다. 어떤 일이 잘못되어 돌이킬 수 없는 사태가 일어나도 돌아갈 생각은 추호도 없다는 뜻이지요. 바이킹은 선택의 여지를 남겨두지 않기 위해 배를 불태우도록 했던 것입니다.

간혹 이런 사람도 있지요. "하던 일이 잘 못되면 나는 이렇게 탈출하겠다" 하고 탈출구를 미리 마련해 놓고 일을 진행하는 경우가 있습니다. 이런 사람은 백이면 백 번 망할 수밖에 없습니다. 자신은 약은 것 같지만 그 약음이 오히려 패배의 원흉의 되는 것입니다.

빌 게이츠가 직원들 회의나 또는 분기별 전략회의 때 자주 하는 말이 있다고 합니다. "운명을 겁시다!" 이 말처럼 무서운 말이 없습니다. 운명을 건다는 것은 나의 모든 것을 걸고 뛴다는 뜻입니다. 나의 모든 것을 건다는 것은 나의 역량을 총동원해서 뛴다는 것입니다. 한 사람의 역량은 별것 아닐 수도 있지만, 보기에 따라서는 대단할 수도 있습니다. 운명을 걸 만큼 모든 걸 건다면 엄청난 일이 일어날 수도 있습니다. 그는 하나의 프로젝트가 있을 때마다 운명을 걸고 일을 했기 때문에 최고의 역량을 발휘했고, 그것이 주변과 옆으로 연결이 되면서 크게 성공을 거두는 것이 아닌가 생각합니다.

'배수진'을 친다는 말이 있습니다. 물을 등지고 싸운다는 뜻으로 물러설 뜻이 없다는 말입니다. '배수진'을 친 사람과 실패할 경우를 대

비해 도망갈 방법을 마련해 놓은 사람이 있다면 그들의 차이는 무엇일까요?

그들의 모습은 너무나 다릅니다.
눈빛도 다르고, 태도도 다릅니다.
행동도 다르고, 생각도 다릅니다.

그 다름은 모든 일의 결과에 결정적인 영향을 미칩니다.

우리의 일상은 어찌 보면 매일같이 전쟁을 치르는 것과 같습니다. 개인이고, 기업이고. 배수진을 쳐야하는 '결정적인 순간'들이 찾아옵니다. 그때, 어떤 사람들은 해안가에 '쪽배'를 하나 남겨놓습니다. 그리고 전쟁을 치르며 좀 힘들면 그 쪽배를 힐끔힐끔 쳐다봅니다. '나에겐 걱정이 없어. 저 쪽배가 있는 한'이라고 하면서 말입니다. 전쟁에서 밀리면 저 쪽배를 타고 달아나야겠다는 궁리가 자꾸 머릿속에 맴돌게 됩니다. 나의 온 힘을 다하지 않습니다. 심리적으로 도피할 곳이 있으면 그만큼 힘이 분산되는 것이지요.

쪽배 한 척을 마련해 놓는 그 순간, 그 전쟁은 이미 끝난 것이나 다름 없습니다. 이미 승패는 정해진 것이나 마찬가지이기 때문입니다. 누가 이기고 누가 졌을까요? 쪽배를 마련한 사람이 당연히 지지 않겠습니까? '영원히 이 땅에서 살겠다'는 각오로, 타고 온 배를 불태워버리고 필사적으로 전쟁에 임하는 바이킹처럼, 우리는 인생을 치열하게 살 필요가 있지 않을까요? 목표를 이루며 성공적인 인생을 살려면 말입니다.

당신은 당신 인생의 결정적인 순간들을 어떻게 보내고 있습니까. 바이킹처럼 배수진을 치고, 배를 불태우며 전쟁에 임하고 있는지 되돌아봅시다. 적당히 해서는 되는 일이 없습니다. 그래서 성공자가 많지 않은 것이겠지요. 당신은 오늘도 주어진 일을 어떻게 처리하고 있는지 살펴봅시다. 결연한 의지와 실행! 이것만이 당신을 보장해 줄 것입니다.

| 나만의 아름다움 |

미켈란젤로가 다비드 상을 만든 날, 그의 제자가 물었습니다. "선생님, 선생님은 어떻게 해서 이렇게 훌륭한 작품을 만드셨습니까?" "음, 그의 형상이 이미 대리석에 담겨있었지. 나는 다만 불필요한 부분만을 잘라냈을 뿐일세."

그렇습니다. 모든 사물에는 그 안에 이미 원형의 씨앗이 담겨있는 법입니다. 조그만 씨앗이 싹을 틔우고 자라서 꽃을 피우는 것은 이미 그 안에 꽃의 원형이 들어있기 때문입니다.

이와 같이 우리 내면에는 자신의 원형이 들어있기 마련입니다. 그 원형엔 미래를 향한 원대한 꿈이 서려있고, 어떤 난관도 극복할 수 있는 의지가 있고, 얼어붙은 땅도 밀고 올라올 수 있는 용기가 있으며, 누구도 흉내 낼 수 없는 나만의 아름다움이 있습니다.

그렇습니다. 우리 모두는 자신만이 지니는 아름다움이 있습니다. 당신은 어떤 아름다움이 있습니까?

전신마비의 아들을 휠체어에 싣고 철인 3종 경기에서, 6차례나 우승한 아버지가 있다는 사실을 아십니까? 랜스 암스트롱은 고환암과 뇌암을 앓고 있으면서도, 그 병마를 딛고 프랑스 트루드 대회(철인경기)에서 7차례나 우승한 사실을 들어보셨지요? 그런가하면 하늘의 시인, 송명희가 온몸으로 시를 쓰고 읊는 장면을 보셨습니까? 이외에도 적지 않은 분들이 이와 비슷한 처지에 있을 겁니다.

이들은 슬픔을 이기고, 주어진 환경을 극복하면서, 자신의 한계를 뛰어넘어, 용기백배하여 도전하는 삶속에서 희열을 느끼고, 성취감을 맛보면서 열정적인 인생을 사시는 분들입니다. 이들에게 좌절은 없습니다. 물론 한때는 있었을 겁니다. 그러나 지금은 다 흘려보냈을 겁니다.

나는 송명희 시인의 시를 읊는 것을 보면서 한없는 희열과 슬픔을 동시에 느꼈습니다. 비록 육체는 망가졌고, 그 몸에서는 발음이 잘 나오지를 않아 몸을 비틀고 흔들면서 한 자, 한 자 시를 읊조리는 것을 보면서, 나는 이렇게 생각했습니다. '저건 사람의 소리가 아니야. 신이 내뱉는 음성이요, 몸놀림이야!' 라고 생각을 했습니다. 그 가사를 한 번 봅시다.

나, 가진 재물 없으나,

나, 남이 가진 지식 없으나,

나, 남에게 있는 건강 있지 않으나,

나, 남이 없는 것 있으니,

나, 남이 못 볼 것을 보았고,

나, 남이 듣지 못한 음성 들었고,

나, 남이 알지 못한 사랑받았고,

나, 남이 모르는 것 깨달았네.

참으로 아름답다고 하는 말밖에 나오지를 않습니다. 비록 휠체어에 몸을 싣고, 남의 도움 없이는 한 발자국도 내디딜 수 없는 몸이지만, 그 몸에서 나오는 파워는 대단했습니다. 수백, 수천 명의 청중들을 조용히 압도해버렸으니까요. 누가 그런 파워와 에너지를 발휘할 수 있을까요?

그러나 나에게도, 당신에게도 송명희 시인 못지않은 파워가 있을 겁니다. 그것을 찾기만 하면 당신도 한평생 보람되게 살 수 있을 것입니다. 그것은 무엇일까요? 그것을 우리는 신이 부여한 사명이라고 합니다. 신이 당신을 불러서 심부름을 시킨다는 뜻이지요. 그래서 영어로는 'Calling' 이라고 한답니다. 그 사명을 찾아내면 당신도 아름다운 삶을 살 수 있을 것입니다.

| 당신이 최고 |

'당신이 최고!' 라는 말은 말 그대로 최고의 칭찬이라고 생각합니다.

그런데 당신이 최고라고 말하면서는 정말 최고처럼 신나게 해줘야지 그렇지 않으면 불만을 표시할는지 모릅니다. "이 사람 이거 말로는 '최고!'라고 하면서 실제로는 '꼴찌!'라고 하는 거 아냐!"라고 할는지 모르기 때문입니다. 신나게 하는 방법은 의자에 앉자 있는 분은 의자에서 반쯤 일어나면서 "당신이 최고!"라고 해주면 되겠습니다. 자, 해봅니다. "당신이 최고!" 한 번 더 "당신이 최고!"

자. 이번에는 "당신이 최고!"라고 하면서 엄지손가락 두 개를 쭉 내밀어보입니다. 시작! "당신이 최고!" 그런데 엄지손가락을 두 개를 펴보이면서 "당신이 최고!"라고 하는 사연엔 이런 내용이 있습니다.

속초 버스터미널의 간이식당에서 어묵을 파는 부인이 있습니다. 그 가게에는 '행운목'이 있습니다. 대개의 경우는 행운목들은 죽어서 쓰레기통에 처박혀 있는 경우를 많이 봅니다. 축하 화분으로 주로 이용을 했다가 생존 조건을 지켜주지 못함으로써 보기 흉하게 죽어서 버리는 경우가 흔히 있지요.

그런데 여기 속초 터미널에 있는 행운목은 작년에 갔을 때도, 재작년에 갔을 때도 잘 크고 있었는데, 올해도 보니까 아주 싱싱하게 자라고 있었습니다. 나중에 보니까 나무를 잘 키우는 비법이 있었던 겁니다. 그 나무의 주인인 아주머니는 나무의 이파리 하나하나를 정성을 다해서 닦아주면서 마치 친구처럼 이야기를 나눈다는 겁니다. "나무야, 잘 커줘서 고맙다. 싱싱하게 자라서 여기 터미널에 오는 손님들을 기쁘게 해주렴. 알았지?" 이런 이야기를 매일매일 한다는 거지요. 그러니 나무도 생명이 있는지라 자기를 사랑해주는 아주머니를 위해서도 잘 자라겠지요.

그래서 제가 한마디 했습니다. "아주머니, 참 멋지십니다. 나무를 너무 잘 키우십니다." 그러자, 그 아주머니가 하시는 말씀이 참 재미있습니다. "나무가 나를 자꾸자꾸 쳐다보잖아요. 그래서 우린 매일 대화를 해요. 식구처럼, 자식처럼요."

나는 그 간이식당에서 1,500원짜리 어묵을 하나 사 먹으면서 오른쪽 엄지손가락을 들어 보이며 "아주머니, 최고!"라고 해줬습니다. 행운목을 잘 키우니 그것만으로도 최고가 아니겠습니까? 남들이 다 죽여 먹는 그 나무를 싱싱하게 잘 키워서 우리의 키보다 훨씬 크니 정말 최고가 아니겠습니까? 그러자 그 아주머니는 한 술 더 떠서 양쪽 엄지손가락을 펴 보이면서 말을 하는 겁니다. "정말 나는 최고야!"

다른 사람들이 볼까봐 조심스런 모습으로, 나만 볼 수 있게 엄지손가락 두 개를 들어 보이며 말하는 겁니다. 어떤 사연이 있는 것 같아서 물어보았습니다. "무엇이 최고입니까?" 그 아주머니가 하시는 말씀이 "나는 아들이 둘이 있는데, 큰 아들은 4천만 원짜리 집에 살고 있고, 작은 아들은 3천만 원짜리 집에 삽니다." 그래서 어느 날 작은 아들에게 아주머니가 이런 말을 해줬답니다. "애야, 내가 그동안 꼬불쳐 두었던 돈 2천만 원을 해줄 테니 3천만 원에 더해서 5천만 원짜리 집으로 이사를 하도록 하여라."

그런데 작은 아들의 대답이 의외였습니다. "아니, 어머니! 그건 안 됩니다. 형이 4천만 원짜리 집에 사는데 어찌 동생이 형을 능가해서 살수 있습니까?"라고 하더라는 거지요. 그러면서 엄지손가락 두 개를 펴보이는 것이 아닙니까. 아들이 자랑스럽다는 거지요.

"아주머니, 정말 아들 한번 잘 키웠습니다." 대단하십니다. 요즘 세상에 그런 아우가 있다는 것이 신기할 정도입니다. 제가 강의를 하면서 가끔 이 이야기를 꺼내서 물어보면 어떤 젊은이는 이렇게 말을 하기도 합니다. "나라면 그러지 않겠습니다." 어머니 말씀대로 2천만 원을 3천만 원에 보태서 5천만 원짜리 집에 살겠다는 젊은이들도 있습니다. 정답이 물론 있는 것은 아닙니다. 어느 것이 옳은 태도일까 하는 문제겠지요.

나는 "아주머니, 자식농사 한번 잘 지었습니다"라고 말해주었습니다. 그 아주머니도 은근히 자식 한번 잘 키웠다는 뜻으로 엄지손가락 두 개를 다시 펴 보이며 "내가 최고!"라고 하는 것이 아닌가요. 그렇습니다. 아주머니는 정말 최고입니다. 아들 한번 잘 키웠습니다. 모든 방법을 동원해서라도 어떻게든 잘 살아야겠다는 것이 요즘의 세태인데 비해서, 아주머니의 둘째 아들은 정도를 걷는다고 할까요. 순수하다고 해야 할까요. 아니면 차례를 지킨다고 해야 할까요. 그런 동생을 둔 형도 행복할 것입니다. 이 형제는 아마 영원토록 행복한 형제로서의 의리를 지켜갈 것입니다.

여하간에 이 아주머니는 오늘도 엄지손가락 두 개를 들어 보이며 "내가 최고!"라고 하는 모션을 마음껏 쓰시기를 바랍니다. 행운목도 잘 키우고, 아들들도 잘 키웠으니 정말 장한 어머니십니다. "어머니, 정말 당신이 최고이십니다. 당신이 최고!"

| 오, 해피 데이 |

요새 아침에 일어나면 제일 먼저 무엇을 하십니까? 명상을 하기도 하고 운동을 하기도 하고 기도를 하기도 할 겁니다. 각자 취향에 따라서 다르겠지요. 저는 요새 노래를 부르면서 일어납니다. 혹시 여러분, 아침에 노래를 부르면서 일어나시는 분! 계십니까? 아마 안 계실 겁니다. 계신다 하더라도 극소수가 계시거나 하겠지요. 남들이 안하니까 나는 합니다.

남들이 다하는 일은 아무리 쉬어도 저는 안 합니다. 남들이 안하는 일을 찾아서 해봐야 합니다. 그것이 차별화하는 길이고, 창의력을 기르는 길이 아닌가 생각합니다. 또한 습관을 바꾸는 한 방법이기도 합니다. 그럼 어떤 노래냐 하면 아주 심플하지만 꽤 의미 있는 노래입니다. 서너 소절쯤 되는 아주 간단한 노래인데 그 가사는 이렇습니다.

"오, 해피 데이~" "오, 헤피 데이." "오오오오오!" "오, 해피 데이!"

오늘은 해피 데이가 되어야 합니다. 왜냐면 간밤에 안녕하고 작별해 버릴 수도 있지만, 그렇지 않고 오늘 새로운 날을 주심에 감사해야지 않겠습니까. 새로운 날을 주심에 행복해야지 않겠습니까. 새로운 날은 새롭게 보내야 합니다. 새로운 날은 새롭게 맞이해야 합니다. 날마다 새로운 날을 주는 것은 날마다 새로움 기쁨을 창조하라는 뜻이 아니겠습니까.

‘일일신 우일신(日日新 又日新)’ 이라는 말이 있습니다. ‘날마다 새롭게 또 새롭게’ 라는 뜻이지요. 오늘은 정말 새롭게 어제와는 다르게 보내야 하겠습니다. 자, 같이 하실까요. “오늘은 내 남은 인생의 첫날, 잘 보내자.” 한 번 더 하겠습니다. “오늘은 내 남은 인생의 첫날, 잘 보내자.” 어떻게 보내는 것이 잘 보내는 것일까요. 신나게 보내면 되지 않겠습니까. 신바람 나게 보내면 되지 않을까요?

내가 만나는 모든 고객들에게 희망을 창조하면서, 우리가 만나는 모든 이웃들에게 웃음을 전파하면서 그렇게 보내면 되지 않겠습니까. 희망을 나누려면 나부터 희망이 막 넘쳐흘러야 합니다. 웃음을 전파하려면 나부터 웃음이 막 찰랑찰랑 넘쳐흘러야 합니다. 그런 의미에서 우리 다 같이 한번 웃어볼까요?

“우, 하하하……!”

웃음이 안 나오지요? 그러면 이렇게 간단히 워밍업을 해보도록 하겠습니다. 손뼉 한 번 치고 “하!” 하는 겁니다. 손뼉 두 번 치고 “하! 하!” 하는 겁니다. 이번에는 손뼉 세 번 치고 “하! 하! 하!” 하는 겁니다. 이렇게 해서 네 번, 다섯 번까지만 해보겠습니다. 시작! “하하하하…….” 조금 낫네요.

누가 보면 미친 사람 집단이라고 할지 모르겠습니다. 맛이 살짝 간 사람들 같지요. 오히려 다행인지 모릅니다. 불광불급(不狂不及)이라는 말이 있습니다. '불광!' 미치지 않으면 '불급!' 미칠 수 없다. 즉 미쳐야 미친다는 뜻입니다.

저는 제 일에 미쳤습니다. 여러분은 무엇에 미쳤습니까? 각자 자기가 하는 일에 미치시기를 바랍니다. 미쳐야 뭔가를 이룬다는 것이지요. 성공의 첫째 조건이 무엇이냐. 미쳐라. 둘째 조건이 무엇이냐. 미쳐라. 셋째 조건이 무엇이냐. 그것도 미쳐라입니다. 미쳐야 성공한다는 것입니다. 적당히 해서 성공한 분을 보셨습니까? 치열하게 자기의 일에 몰두해야 성공한다는 것입니다.

천호식품 김영식 회장은 성공하는 사람은 전력투구하는 능력에 있다고 했습니다. 어떤 일에 미친 듯이 전력투구하는 능력이 참 중요하다는 것이지요.

어떤 사람이 사업에서 성공하고 어떤 사람이 망하는 걸까? 학력이나 나이, 자본금 규모는 성공을 결정하는 요인이 아니다. 물론 그것들도 중요할 수 있지만 전력투구하는 능력에 비하면 아무것도 아니다. '가방끈'이 짧고 가진 돈이 없어도 인생을 바쳐 도전한다는 정신만 있다면 악조건을 딛고 일어설 수 있다. 반면 '이거 하다가 잘 안되면 이렇게 해야지' 하는 식으로 안전핀을 만들어 놓고 시작하는 사람은 100% 실패한다. 조금만 어려워져도 자기가 파놓은 구멍 속으로 도망치는 것이다.

– 천호식품 김영식 회장의 《10미터만 뛰어봐》 중에서

어제보다 오늘이 발전했다면 그것은 성공입니다. 어제는 변하지 않았던 것을 오늘 변했거나 변할 조짐이 보인다면 그것도 성공입니다. 어제보다 더욱 밝은 모습으로 오늘을 보내고 있다면 그것도 물론 성공입니다. 어제는 웃지 않다가 오늘은 웃었다면 그것은 매우 좋은 징조입니다. '네 시작은 미약하나 네 나중은 실로 창대하리라!'는 말도 있듯이 오늘 비록 조그만 성공이라 하더라도, 그것이 씨가 되어 내일은 더욱 큰 성공으로 다가가는 원인이 될 것입니다.

오늘이 해피해야 합니다. 지금 이 순간이 해피해야 합니다. 살아 있음에 해피하고, 숨을 쉴 수 있는 공기가 있음에 해피해야 합니다. 우리가 그런 자세만 갖는다면, 행복하지 못할 이유가 없는 것입니다. 중요한 것은, 행복은 행복으로 끝나서는 안 되는 것입니다. 뭔가 생산적인 일을 함으로써 더욱 큰 미래의 행복으로 이어져야 합니다.

웃음은 행복한 인생을 사는데 강력한 도구입니다. 웃음도 "호호호호!" 하는 소극적인 웃음보다는 "아, 하하하하!" 하는 활달한 웃음이 좋다는 거지요. 물론 경우에 따라서는 미소라든지 조용한 웃음도 필요하겠지만, 여건만 되면 크게 웃을수록 좋다는 거지요. 크고 힘차게 웃으면 인생도 힘차게 살고자 하는 욕구가 분출된다는 것입니다.

우리 힘차고 신나게 한번 웃어볼까요? "아, 하하하하!" 그러면 오늘도 해피 데이가 되지 않겠습니까. 내일도, 모래도 해피 데이가 되지 않겠습니까. 그래서 모든 날이 해피 데이가 되었으면 좋겠습니다.

‘이태백, 삼팔선, 사오정, 오륙도’ 등 시대를 풍자하는 이야기들이 회자된 지도 꽤 오래되는 것 같습니다.

나는 가끔 이런 생각을 해봅니다. 모든 분들이 자신이 원할 때까지 활발하게 일을 하면서 살 수는 없을까 하고 말입니다. 그러면서 한 달에 한번쯤 만나, 서로 살아가는 이야기를 나누면서 사는 삶은 평범하지만 바람직한 삶이라고 생각을 합니다. 그런데 어떤 사람은 활발하게 활동하면서 잘 살고, 어떤 사람은 좀 미약한 듯이 보이기도 합니다.

그게 민주사회인지 모릅니다. 활발하게 일을 하는 사람은 잘 살고, 어눌하게 일을 하는 사람은 아무래도 어렵겠지요. 학교 다닐 때는 참 괜찮은 친구였는데, 이제 직장에서 쫓겨나듯 물러나는 나이가 되고 보니, 갑자기 별 볼일이 없는 사람으로 변해버리는 친구도 있는 것 같습니다.

어떻게 하면 이 모든 분들이 다시 적극적으로 활동을 하면서 살 수는 없을까를 생각해 봅니다. 부질없는 생각인 줄 알면서도 그저 한번 해보는 것입니다. 여기에 정확한 답은 오직 그들 자신만이 가지고 있을 것입니다. 자신만이 그 자신의 앞날을 어떻게 살 지를 결정할 수 있기 때문입니다.

여기서 잠깐, 어느 인사가 탈북자들과 인터뷰한 내용이 있는데 그 내용은 이렇습니다. "남한 노동자들은 너무 일만하는 일벌레들이다. 만약 북한 노동자들이 남한 노동자처럼 일한다면 전원 천리마 노력 영웅이 될 것이다." 그들의 근면성과 우리의 근면성의 차이를 실감하는 이야기가 아닌가 하는 생각이 듭니다.

나는 SPL성공아카데미의 성공학 강사인 오곤식 님의 글에서 이런 내용을 보았습니다. 개미와 베짱이 이야긴데요. 서로 도우며 살아가는 바람직한 내용이었습니다. 재미있게 읽은 기억이 납니다.

개미와 베짱이 이야기의 원본은 이렇습니다. 개미는 열심히 일을 하고 베짱이는 놀기만 합니다. 그래서 겨울이 오면 열심히 일한 개미는 잘 살지만, 여름 내내 놀기만 했던 베짱이는 굶어 죽는다는 이야기입니다.

업그레이드 된 21세기형 이야기는 이렇습니다. 다 아시는 이야기이죠. 개미가 너무 열심히 일을 해서 겨울이 되자 허리가 아파 병원에 입원해 있습니다. 베짱이는 개미가 입원한 병원을 찾아 위문공연을 벌입니다. 다시 말하면 리사이틀을 벌이는 것입니다. 개미는 여름 내내 일했지만, 겨울이 오자 아파서, 병원비와 베짱이의 공연비로 갖고 있는 재산을 다 소진해 버리고 말았습니다. 한편, 베짱이는 공연비도 만만찮게 받으면서 공연을 벌인다는 이야기입니다.

베짱이는 여름 내내 노는 것 같지만 즐기면서 일을 한다는 차원에서 보면 개미보다 한수 위인 것을 알 수 있습니다. 수입도 괜찮은 편이지요. 이제는 즐기면서 일을 하는 시대입니다. 나는 과연 무엇으로 즐기면서 일을 할까를 생각해 보아야 하겠습니다. 즐기면서 일을 하려면 그 일을 좋아해야 합니다. 내가 싫은 일을 억지로 하려면 좋아할 수 없겠지요. 싫은 일도 꼭 해야 하는 경우라면 생각을 바꿔서 그 일을 좋아해야 할 것입니다. '어차피 해야 할 일이라면 즐겨라!' 라는 말도 있지 않습니까.

자, 개미와 베짱이 이야기의 변화과정을 보십시다. 처음에는 근면한 개미는 잘 살고 놀기만 했던 베짱이는 죽었습니다. 다음은 어쨌느냐? 이전과는 정반대로 개미는 아파서 병원에 입원을 하였고, 베짱이는 돈을 받으며 리사이틀을 벌여주었습니다. 거의 정반대지요.

그렇다면 우리가 가야 할 방향은 어디입니까? 그것은 양쪽 모두가 잘 살고, 잘 되는 것입니다. 과연 그런 방법이 있을까요? 여기 한 단계 더 업그레이드 된 개미와 베짱이 이야기가 있습니다.

성실하고 착실하게 일을 하는 개미도 잘 살고, 베짱이도 신나게 노래를 부르면서 잘 사는, 일명 '윈-윈 시대'를 여는 것입니다. 베짱이와 개미 양쪽 모두가 다 잘 살 수 있는 길을 찾는 것입니다.

구체적인 모습은 이런 모습이 아닐까 생각해 봅니다.

"베짱이가 개미가 일하는 곳을 찾아, 일을 잘할 수 있도록 응원가를 불러줍니다. 응원가를 들으면서 개미는 신나게 일해서 좋고, 베짱이는 자기가 좋아하는 노래를 불러서 좋은 것입니다. 노래를 들으면서 일을 하니 신바람이 나서 개미는 아프지도 않습니다. 이보다 더 좋은 일이 있겠습니까. 이것이 개미와 베짱이의 '윈-윈 전략' 이 아닙니까?"

바라건대, 이런 시대를 열 수는 없을까를 생각해 봅니다. 그러려면 서로가 자신의 분야에서 강점을 발휘하며 일을 하되, 주변과 적극적으로 뭔가를 나누려는 자세가 필요합니다. 나의 강점은 무엇인가. 내가 잘하는 것은 무엇인가. 또한 무엇을 가지고 주변과 나눌 수 있을까를 생각해보는 하루가 되었으면 합니다.

2장
희망찬 인생

2장
희망찬 인생

| 유쾌한 육쾌(六快) |

나는 아침에 일어나면 가끔 하는 게 있는데 그 중의 하나가 '유쾌(六快)한 성공법칙'을 다짐하면서 웃는 일입니다. 웃는 일은 좋은 일입니다. 다짐하는 일도 좋은 일입니다. 때론 주장하는 일도 좋은 일입니다. 다른 모든 것은 양보해도 이것만은 양보할 수 없다는 자기주장이 있어야 합니다. 내 인생에 중요한 것은 주장할 줄 알아야 합니다.

인생을 유쾌하게 사는 일은 중요할까요, 안 중요할까요? 중요합니다. 중요하니까 주장해야 합니다. 대체로 세상을 사는데 10가지 필요한 요소가 있다면 그 중에 6~7가지 정도는 남들에게 양보를 함으로써 손해를 좀 보고, 3가지 정도는 주장할 수 있어야 하겠습니다.

모든 걸 다 주장한다면 그것은 피곤한 일입니다. 양보를 모르는 사람과는 가까이 하지 마십시오. 그렇다고 모든 걸 양보하는 사람도 곤란합니다. 양보할 것은 양보하고, 주장할 것은 주장해야 합니다. 주관이 있어야 한다는 것이지요. 이것은 협상의 법칙이기도 할 것입니다. 3분의 2를 양보하고 3분의 1을 주장하는 것은 누가 보아도 설득력이 있는 이야기 아닙니까. 대신 3분의 1은 나에게 있어서는 매우 중요한 것이어야 합니다.

유쾌하게 인생을 사는 일은 매우 중요한 일입니다. 나의 성공과 관련된 일이지요. 행복과 관련된 일이기도 하구요.

육쾌란?

첫째, "쾌소(快笑)! 유쾌하게 웃으니 표정이 아름다워!"라고 말하며 웃는 것입니다. 제 스스로 저의 표정이 아름답다니까 웃기는 이야기지만. 꽃 중의 꽃은 무슨 꽃일까요. 장미꽃도 있고, 동백꽃 등도 있지만 그것은 웃음꽃입니다. 여기저기서 웃음꽃이 만발했으면 좋겠습니다. 우리가 있는 모든 곳에서 활짝 웃음으로써 전국을 웃음꽃이 만발한 나라로 만들었으면 합니다.

사람의 이미지는 주로 무엇으로 만들어지나요? 얼굴 표정으로 만들어집니다. 표정이 좋으면 이미지도 좋고, 표정이 안 좋으면 이미지도 별로입니다. 표정이 좋으려면 웃어야 합니다. 많이 웃는 얼굴은 표정이 좋습니다. 얼굴이 예뻐도 표정이 별로인 사람이 있는가 하면, 얼굴은 안 예뻐도 표정이 좋은 사람도 있습니다. 표정이 좋은 사람이 되기 위해서 많이 웃도록 하십시다.

또 웃으면 젊어집니다. 건강해집니다. 기분이 전환됩니다. 자신감이 생깁니다. 용기도 생깁니다. 인간관계도 좋아집니다. 용서하게 됩니다. 말도 잘하게 됩니다. 칭찬하게 됩니다. 열정적이 됩니다. 마음이 넓어집니다. 그러므로 웃음은 성공으로 가는 지름길입니다.

웃는 사람은 대화도 재미있게 술술 잘합니다. 대화하고 설득하는데 '내용이 7%'이고, '음성이 38%', '몸짓언어가 55%'라고 합니다. '93%가 내용 이외의 요소'로 구성되었다는데 주목할 필요가 있습니다. 내용이 참 중요할 것 같은데, 사실 더 중요한 것은 그것을 전달하는 사람의 '분위기'라는 것입니다. 분위기에 해당되는 것은 몸짓언어인 '표정, 눈빛, 제스처' 등이지요. 그런데 분위기의 90%는 웃는 모습이면 족합니다. 웃어야 합니다.

언젠가 역사적인 장면을 보셨지요? 북한에 억류되었던 미국인 두 명의 여기자를 구하러 간 클린턴 전 미 대통령과 김정일 국방위원장의 모습이 대조적이었던 것을요. 김정일 위원장은 예상보다 건강한 모습으로 환하게 웃고 있었고, 클린턴은 시종 과묵한 표정이었습니다. 여기자를 구하고 금의환향하듯 미국에 돌아갔어도 그의 과묵한 표정은 여전했습니다.

'여기자 석방!'이라는 화려한 귀환에도 웅변 없이 조용히 사라져 오히려 '눈길'을 끌었습니다. '달변보다 빛난 침묵'이라고 신문들은 보도를 하고 있었습니다. 이런 그의 행동이 고도로 계산된 행동일 거라고 말하는 이도 적지 않습니다. 부인이 국무장관인데다 민감한 미·북간의 일련의 정치적인 일들이 관련된 일이라, 그는 애초부터 이 사건에 관한 일종의 침묵작전을 펼친 것인지도 모릅니다.

평상시에 그는 말을 잘 하기로 소문난 사람입니다. 그를 만나고 나오면 '나는 귀중한 사람' 이라는 인상을 받는다고 합니다. '당신밖에 없다' 는 느낌을 본인에게 심어줌으로써 강한 자부심을 느끼게 만든다는 겁니다. 따라서 그를 만나는 모든 사람들은 그의 우군이 된다는 것입니다.

여하간에 클린턴이 이유가 있어 그랬다 하더라도 우린 웃으면서 삽시다. 과묵한 표정보다는 활짝 웃는 모습이 몇 배 더 아름다운 건 사실이기 때문입니다. 자, 웃음꽃 한번 피워볼까요? 아, 하하하하하! 웃는 당신은 정말 멋져!

둘째, "쾌심(快心)! 생각이 긍정적이니 마음이 상쾌해!"라고 말하며 웃는 것입니다. 마음은 늘 상쾌해야 합니다. 그러나 상쾌하지 못할 때도 있지요. 그럴 땐 한번 억지로라도 웃어주면 낫습니다.

남자의 근육을 여자들은 좋아한답니다. 남자답다는 이야기지요. 저는 사실 근육은 없지만 생각의 근육은 있습니다. 생각의 근육이란 무엇이냐? 바로 긍정성을 말하는 것입니다. 나의 긍정성은 힘을 줍니다. 생각을 바꿔주면 언제나 긍정적인 사람이 될 수 있습니다. 돈 한 푼 없어도 이것만 있으면 나는 부자입니다. 어떤 문제도 해결이 가능하니까요. 그래서 긍정성은 세상을 사는 지혜입니다. 문제를 푸는 해법입니다. 생각의 긍정은 성공으로 가는 또 하나의 지름길입니다.

미국의 TYK그룹 김태연 회장은 말합니다. "He Can Do. She Can Do. Why Not Me." '그도 할 수 있고, 그녀도 할 수 있다면 왜 나라고 못하겠느냐?' 라고 하면서 할 수 있다는 'CAN' 정신을 가지라는 것입니다. 매일 같이 외치십시오. "나는 할 수 있다. 나는 할 수 있다"라고. 자신감은 자기긍정이 첫째일 것입니다. 그리고 준비를 철저히 해야 합니다.

자신감이 있는 사람은 말 한마디를 해도, 확신을 가지고 합니다. 반면에 자신이 없는 사람은 똑같은 일을 해도 어딘지 주눅이 든 사람처럼 왠지 제 실력이 안 나옵니다. 자신이 실력을 다 발휘하느냐, 못하느냐의 차이는 엄청난 것입니다. 그것으로 성공이 결정될지도 모를 일입니다.

미국의 오바마가 대통령에 당선된 비결이 무엇입니까? "Yes, We Can." 이라는 세 글자였습니다. '우리는 할 수 있습니다. 우리는 변화할 수 있습니다. 우리에겐 희망이 있습니다' 라는 메시지를 가는 곳마다 미국 국민에게 심어주었기 때문입니다.

'Can' 과 더불어서 꼭 해야 할 일은 "나는 모든 면에서 점점 더 좋아지고 있다. 건강이 좋아지고 있고, 경제적으로 좋아지고 있고, 가정적으로 좋아지고 있다. 나는 성공적이고 행복한 생활을 하고 있다. 아! 모든 게 잘 풀린다. 나는 운이 좋은 사람이다. 재수가 좋은 사람이다. 하는 일마다 잘 된다. 손대는 것마다 잘 풀린다"라고 외치십시오. 틀림없이 당신은 그런 사람이 되어갈 것입니다.

그렇게 되는 이유가 무엇이냐 하면 '척(~As if)의 법칙'이 작용하고 있기 때문입니다. '척하면 그렇게 된다'는 뜻입니다. 실제로는 속이 뒤집히고 오장육부가 부글부글 끓는다 하더라도, 나는 평온한 사람, 나는 행복한 사람이라고 생각하십시오. 그렇게 말하고, 행동하면 우리의 뇌는 그렇게 받아들인다는 것입니다. 실제 상황이 악조건이라 하더라도 그건 중요한 것이 아니라는 것입니다. 내가 생각하고 외치는 것이 중요합니다. 뇌는 그것을 받아들이기 때문입니다. 쾌심! 얼마나 중요한지 모릅니다. 생각을 긍정적으로 하는 것은 인생을 성공으로 이끄는 지름길입니다.

셋째, "쾌식(快食)! 맛있게 밥을 먹으니 건강미가 넘쳐!"라며 웃는 일입니다. 밥과 고추장만 있어도 밥을 맛있게 먹어야 합니다. 여기다가 '메리치(멸치)'가 곁들이면 훌륭한 식단입니다. 게다가 '김치'까지 있으면 금상첨화입니다. 반찬 타령하지 마세요. 굶어죽는 사람도 한둘이 아닌데, 어디다 대고 반찬 타령하는 겁니까?

밥을 맛있게 먹으면 그 밥은 '에너지의 원천'이 됩니다. 반찬이 있고 없고를 떠나서 맛있게 먹어주면 그 음식은 아주 훌륭한 음식입니다. 따라서 내가 먹는 이 음식은 맛이 있다고 생각을 하며 먹는 것입니다. 그러면 음식은 맛이 좋아집니다. 맛있게 먹어야 합니다. 혹시 지금 밥을 먹는 분이 계시다면 맛있다고 생각하며 드시기 바랍니다. 그러면 ‘척의 법칙’에 의해서 당연히 맛이 좋아집니다.

에너지의 원천이 되는 이 밥! 맛있게 잘 먹고, 멋있게 남들에게 좋은 일을 하겠다고 다짐하는 것입니다. 오늘도 수많은 고객들에게 ‘희망’을 불어넣으면서, 그들과 더불어 힘차게 살겠다고 다짐하는 것입니다. ‘배워서 남 주나!’ 라는 말이 있는데, 배워서 남을 줘야 합니다. 남을 먼저 줘야 내 것이 됩니다. 이와 같은 다짐들이 매일매일을 싱그럽게 만들어 줍니다. 그 힘이 오늘 먹는 밥에서 나오는 것입니다. 식사는 맛있게 해야 합니다. 건강하게 오래 장수하는 분들을 보면 식사를 맛있게 하십니다.

그렇다고 해서 맛있다고 너무 먹지 말고 알맞게 먹어야 합니다. 소식하는 것이 중요하다고 합니다. 위를 너무 채우면 부담이 됨으로 3분의 2 또는 4분의 3 정도만 채우는 것이 좋다는 것이지요. 맛있게 식사하고 멋있게 일하는 여러분들이 되시기 바랍니다.

넷째, “쾌활(快活)! 활동이 적극적이니 생활이 즐거워!”라고 말하며 웃는 것입니다. 어떤 사람이 성공하겠습니까? 어떤 사람이 보기가 좋습니까? 적극적인 사람입니까? 소극적인 사람입니까? 물론 적극적인 사람이 보기가 좋지요. 적극적이고 열정적인 사람을 사람들은 좋아하는 것입니다. 사람들이 좋아해야 성공을 할 수 있습니다. 많은 사람들의 도움을 받아야 성공을 할 수 있다는 것이지요. 주변의 도움에 비례해서

'성공의 사이즈'가 결정이 됩니다.

도움을 많이 받으면 큰 성공을 거두고, 도움을 적게 받으면 적은 성공을 하는 것입니다. 당신은 어떤 성공을 거두고 싶습니까?

어디서든 '할 수 있다'고 생각하는 사람이 일을 해냅니다. 그런 사람의 가슴속은 피가 '팍팍!' 솟구칩니다. 가슴속의 꿈을 실현하기 위해서 오늘도 도전하는 삶을 삽니다. 가슴 뛰는 삶, 그런 삶을 살아야 하지 않겠습니까. '할 수 있다'라고 생각하면 할 수 있는 방향으로 움직여 갑니다. 할 수 없다고 '포기'를 하고 '좌절'을 하면, 또한 할 수 없는 방향으로 움직여 가는 것입니다. 우리를 움직이는 주인은 날마다 열렬히 하는 '생각 자체'에 있기 때문입니다.

톨스토이는 말합니다. "이 세상에서 가장 중요한 때는 언제일까? 지금입니다." 과거는 이미 지나가 버렸고, 미래는 아직 오지 않았습니다. 지금만이 쓸 수 있고, 사용할 수 있는 시간입니다. 또 이런 말도 생각나지요? "Yesterday is a history. Tomorrow is a mystery. Today is a Gift. That's why we call it the present." '어제는 역사이고, 내일은 신비이며, 오늘은 선물이다. 그래서 오늘은 선물이라고 부른다.'

톨스토이는 계속해서 묻습니다. "이 세상에서 가장 중요한 사람은 누구일까? 지금 함께하는 사람입니다." 그리고 "이 세상에서 가장 중요한 일은 무엇입니까? 지금 하는 일"이라고 했습니다.

그러면 인간관계의 기술은 무엇일까요? 지금 함께하는 사람들에게 잘 해주는 일이라고 할 수 있습니다. 그 하찮은 일이 당신을 성공으로 이끄는 지름길이 될 것입니다. 오늘도 쾌활하게 우리가 함께하는 모든 이들에게 잘 해주도록 하십시다.

다섯째. "쾌면(快眠)!, 잠자리가 편안하니 인생이 행복해!"라며 웃는 일입니다. 여러분, 하루 일을 마치고 잠자리에 들 때 어떤 생각이 드십니까? '오늘도 보람 있는 일을 했다. 참 열심히 뛰었다. 고객들이 좋아했다. 내일은 그들을 더욱 행복하게 하겠다' 며 잠자리에 드십니까?

혹, 잠을 못자는 분은 안계십니까? 있다면 못자는 이유가 뭡니까? 어떤 사람을 보면 세상의 모든 걱정거리는 혼자서 다 짊어진 사람처럼, 걱정을 하는데 그럴 필요가 없다는 것이지요. 근심 걱정하는 속에 세상은 어느새 다 가버리고 맙니다. 오늘부터 고민거리는 놓아버리십시오. 그래서 건설적이고 창조적인 일에 매달려야 하지 않겠습니까?

사람은 한 번에 한 가지밖에 생각을 못한다고 합니다. 고민을 하는 동안은 다른 생각은 못한다는 것이지요. 창조적인 생각을 하면 내 비즈니스를 더욱 활발하게 할 수 있을 텐데 못해서 손해인 것입니다. 따라서 고민은 잠깐만 하고 그쳐야 합니다. 생각을 바꿔야 합니다. 화재를 전환해야 합니다.

우리가 하는 모든 '근심 걱정의 96%' 는 '쓸데없는 일' 로 걱정을 한다고 합니다. 따라서 오늘 나의 근심 걱정은 대부분 불필요한 일이라고 생각을 하시기 바랍니다. 단 ‘4%의 걱정거리’도 ‘5분’이나 ‘10분’정도만 하면 족할 것입니다. 아무 소용없는 걱정을 한다면 그거 할 필요가 없는 것입니다. 왜 그 걱정을 해야 합니까. 놓아버리세요.

세상의 모든 것은 ‘쾌면’을 통해서 ‘활력’을 얻게 되어 있습니다. 쾌면이 없다면 마감도 그만큼 빠르다는 것을 인식하시기 바랍니다. 자동차도 휴식이 없는 영업용과 휴식이 있는 자가용은 차이가 있습니다. 수명에 적지 않은 차이를 주지요. 따라서 휴식은 절대적으로 필요합니다. 휴식이 없다면 다음 일을 ‘활력’이 넘치게 할 수 있을까요. 반짝 빛나고 소멸하는 인생보다는 지속적인 ‘성장’이 필요합니다. 오늘도 필요한 휴식을 적절히 취함으로써 ‘정력’이 넘치는 인생을 사시기 바랍니다.

여섯째, “쾌변(快便)!, 마무리가 잘되니 만사가 형통해!”라며 웃는 일입니다. 변은 가래떡처럼 나와야 합니다. 쭉쭉 뻗어 나와야 합니다. 누런 변이 시원하게 나올 때 얼마나 후련합니까. 얼마나 기분이 좋습니까. 혹시 변이 잘 안 나와서 고생하시는 분들은 안 계십니까……

스님들은 화장실을 해우소(解憂所)라고 합니다. ‘근심을 없애는 곳’이라는 뜻이지요. 참 그럴듯한 표현입니다. 몸속에 찌뿌듯하게 불필요한 찌꺼기를 갖고 있다가 그것을 버리면 후련해서 근심이 없어진다는 뜻일 겁니다. 우리는 이와 같은 일을 카타르시스라고 합니다. 뭔가 후련함을 느낄 때 나오는 말이지요. 쾌변처럼 배설을 할 때 카타르시스를 느끼기도 하고, 울고 나서도 카타르시스를 느낀다는 말도 있습니다.

쾌변은 마무리를 뜻합니다. 마무리는 새로운 시작과 맞물려서 돌아 갑니다. 시작을 잘 하려면 마무리부터 잘 해야 합니다. 마무리는 새로운 시작과 통합니다. 겨울이 가면 새봄이 오듯이 이 마무리는 참 중요합니다. 다 잘 해놓고 마무리가 잘 안돼서 '명품'이 못 된다면 얼마나 억울한 일입니까. 마무리를 잘 하십시다.

이상 유쾌한 생활을 하는 여섯 가지 덕목에 대해서 생각해 보았습니다. 다시 한 번 정리를 해 보겠습니다.

첫째, "유쾌하게 웃으니 표정이 아름다운 '쾌소!'" 둘째, "생각이 긍정적이니 마음이 상쾌한 '쾌심!'" 셋째, "맛있게 밥을 먹으니 건강미가 넘치는 '쾌식!'" 넷째, "활동이 적극적이니 생활이 즐거운 '쾌활!'" 다섯째, "잠자리가 편안하니 인생이 행복한 '쾌면!'" 마지막 여섯째는 "마무리가 잘 되니 만사가 형통한 '쾌변!'"

나는 이 글을 읽는 그대에게 영광과 축복을 전합니다. 오늘도 유쾌한 모습으로 신나는 하루, 행복한 하루이기를 바랍니다.

| 결함극복이 성공요인 |

많은 성공자들 중에 상당수는 그들이 갖고 있는 결함을 극복함으로써 성공했음을 알 수 있습니다. 이미 많이 알려진 몇몇 분들의 결함을 극복한 사례를 통해 성공한 경우를 살펴보겠습니다.

KFC, 즉 켄터키 후라이드 치킨의 창업자인 커넬 할랜더 샌더스는 6

살에 아버지를 여의고, 어머니는 공장에서 일하셨습니다. 그는 초등학교를 졸업하고 고향을 떠납니다. 막노동에 벽돌공을 전전하며 중년에 이르러 제법 그럴듯한 레스토랑을 갖게 됩니다. 하지만 1년 후 그는 빈털터리가 됩니다. 65세에 이르러 그는 사회가 보장해주는 105달러가 전부였습니다.

그는 낡아빠진 자신의 트럭을 타고 레스토랑에서의 노하우를 살려 프랜차이즈 스폰서를 찾아 떠납니다. 트럭에서 잠을 자며, 공공화장실에서 면도를 하고……. 하지만 늙은 노인에게 로열티를 지급하려는 사람은 아무도 나타나지 않습니다. 1,008번의 거절, 하지만 노인은 첫째, 할 때까지! 둘째, 될 때까지! 셋째, 이룰 때까지! 포기하지 않습니다.

이 대목은 일본전산의 3가지 모토와 거의 같습니다. '첫째, 즉시 한다. 둘째, 반드시 한다. 셋째, 될 때까지 한다' 와 거의 같지 않습니까. 그 결과 2년 후에 드디어 사겠다는 사람이 나타납니다. K. F .C 1호점. 그의 1,009번째 도전의 기적은 이렇게 이루어집니다. 전 세계 100여 개국의 13,000여 매장에서는 오늘도 하얀 수염의 할아버지는 활짝 웃고 계십니다.

농구 천재인 마이클 조던의 수많은 나이키 광고 시리즈 가운데 '실패(failure)' 편을 보면 다음과 같은 조던의 독백이 있습니다. "농구 선수로서 나는 9천 개 이상의 슛을 실패했고, 거의 3백 번의 게임에서 패배했다. 26번의 게임 위닝 슛을 놓쳤다. 나는 아주 많은 실패를 거듭한 삶을 살았다. 이것이 내가 성공할 수 있었던 이유다" 라고 말하고 있습니다.

디즈니랜드의 월트 디즈니는 다섯 번이나 파산을 한 적이 있습니다. 역사상 가장 넓은 영토를 정복한 칭기즈칸은 어린 시절 아버지와 부족을 잃고 들쥐를 잡아먹으며 연명해야 했습니다. 그의 말을 들어봅시다.

"가난하다고 말하지 말라. 나는 들쥐를 잡아먹으며 연명했다. 작은 나라에서 태어났다고 말하지 마라. 나의 병사들은 적들의 100분의 1,200분의 1에 불과했지만 세계를 정복했다. 배운 게 없다고 탓하지 마라. 나는 내 이름도 제대로 쓸 줄 몰랐지만, 남의 말에 귀 기울이면서 현명해지는 법을 배웠고 또 지혜를 구했다. 너무 막막해 포기해야겠다고 말하지 마라. 나는 목에 칼을 쓰고도 탈출했고 뺨에 화살을 맞고도 살아났다."

밀턴은 실명을 한 후에도 펜을 놓지 않고 계속 집필을 하여 《실낙원》을 쓴 것으로 유명합니다. 그는 실명을 한 후에 재혼을 했는데, 그의 아내는 대단히 미인이긴 하지만 성격이 매우 난폭했다고 합니다. 어느 날 밀턴의 아내를 본 웰링턴 공작이 "부인이 아름다우시군요. 마치 장미 같습니다"라고 칭찬을 하자, 밀턴은 이렇게 대답했다고 합니다. "눈으로 볼 수 없기 때문에 빛깔은 어떤지 알 수 없습니다만 내 아내가 장미인 것은 확실합니다. 가시로 매일 찌르니까요."

이처럼 성공자들 중에는 자신이 지닌 결함을 극복함으로써 성공을 이루어 낸 이들이 이외로 많다고 합니다. 사실 극복 자체가 어떤 성공을 뜻하는 것이죠. 어떤 것과 싸워서 승리했다는 것이지요. 그것을 이

거냈다는 것입니다. 따라서 자기극복은 남이 알아주지 않아도 나 자신은 성공한 것입니다. 나 자신의 성공이 중요합니다. 자신에게 희망을 주고 자신감을 주기 때문입니다. 그러다 보면 남이 알아주는 큰 성공을 거둘 수도 있겠지요.

필자는 한때 3류 대학 입시에도 떨어지자 공부를 포기했던 사람입니다. 포기한 정도가 아니라 결심을 합니다. 어떤 결심을 하느냐 하면 다시는 책을 보지 않겠노라고. 남들은 더욱 공부를 열심히 하겠다고 결심을 하는데 나는 정 반대로 결심을 합니다. 혹여 나중에라도 책을 보게 될까봐 모든 책을 불태워버립니다. 책이 무슨 원수를 졌길래……. 그래서 한 1년 가까이 여기저기 실컷 놀러 다닙니다. 그런데 한 1년 놀러 다니니까 놀러 갈 데가 없는 겁니다. 친구들도 이젠 같이 놀아주지 않습니다. 실어하는 기색이 역력합니다. 할 일도 없었습니다. 그제야 반성을 합니다. "그래도 내가 할 수 있는 것은 공부밖에 없구나!" 하는 것을 뒤늦게 깨닫습니다.

그래서 다시 공부를 하기로 마음을 먹습니다. 공부를 안 하려고 '책을 불태우다니 내가 크게 잘못했구나' 하고 뉘우칩니다. 그리고 다짐을 합니다. 공부 한번 제대로 해봐야 되겠다고. 그런데 책이 있어야지요. 다 태워 버렸으니……. 그래서 서점엘 갑니다. 두툼한 영어참고서와 영한사전, 한영사전 등을 사들고 옵니다. 바로 그날부터 두문불출하고 '방콕' 해서 공부를 하기 시작합니다. 내 방은 온통 영어로 도배하다시피 하였습니다.

사방은 물론 천정까지 영어의 좋은 문장이 나오면 그대로 적어 놓다

보니까 자연스레 영어의 공간이 되었습니다. 어디를 보아도 영어, 영어만이 있을 뿐이었습니다. 미국 사람만 없을 뿐이지 완전 영어의 세계였습니다. 밥 먹으면서도 공부, 잠을 자면서도 공부, 아마 24시간이 거의 전부 공부하는 시간이 되었던 것 같습니다. 철저하게 영어에 미친 시절이었습니다. 당시는 꿈도 영어로 꿀 정도였습니다.

영어만을 집중적으로 공략한 결과 1년여 만에 일명 '영어도사'가 되었습니다. 이것이 계기가 되어 자신감을 갖고 모든 일에 임하게 되었습니다. 책을 불태웠던 청년에서 책을 무척 사랑하는 청년으로 탈바꿈 되었던 것이지요. 그래서 대학도 가고 미국도 우수한 성적으로 다녀오는 영광을 얻었습니다. 일종의 실패에서 성공한 경우라고 말할 수 있겠지요.

여러분은 어떤 결함을 갖고 있습니까? 결코 낙망하거나 절망하지 마십시오. 그것을 딛고 일어서는 것이 중요합니다. 일어서면 당신도 할 수 있습니다. 아니 해내야 합니다. 해낼 수 있습니다. 암, 해낼 수 있고말고요. '나는 할 수 있다!' 라고 생각하면 할 수 있습니다. "나는 할 수 있다!"

| 실패의 법칙 |

실패의 법칙에 '147 / 805법칙' 이란 게 있습니다. 이 법칙은 에디슨이 전구를 발명하는 데까지 147번의 실패를, 그리고 라이트 형제가 비행에 성공하기까지 무려 805번의 실패를 했다는 데서 비롯되는 법칙입니다. 그러니까 성공을 하려면 실패를 밥 먹 듯해야 한다는 말입니다. 그래서 실패한 사람의 95%는 진짜 실패한 게 아니라 도중에 포기한 것이라고 합니다. 결국 성공이란 어떤 어려운 역경에 처하더라도 포기하지 않는 정신에 있다고 할 수 있습니다.

포춘이 선정한 500대 기업 CEO의 52%가 중하위층이나 빈곤층 출신이고, 미국 백만장자의 80%는 1세대 백만장자라고 합니다. 최근 조사에 따르면 세계 일류 리더 300명 중 75%가 가난한 가정에서 자랐고, 어린 시절 학대를 당했으며, 일부는 심각한 신체장애를 안고 있었다고 지그 지글러는 《정상을 넘어서》에서 말합니다. 성공의 공식은 없습니다. 또 과거의 성공이 오늘과 미래의 성공으로 보장되는 경우도 없습니다.

"맥도날드를 운영하는데 있어서 특별한 경영비법이나 학력, 재력이 반드시 요구되는 것은 아니다. 성공한 사람들 대부분은 의지 하나로 모든 것을 이뤄낸 것이다. 나는 사람들에게 종종 이렇게 말한다. '밀어붙여라.' 세상의 그 어떤 것도 끈기를 대신할 수는 없다. 재능도 소용없다. 우리 주변에 재능 있는 실패자들이 얼마나 많이 있는지 살펴보라. 물론 학력도 마찬가지이다. 세상에는 고학력을 지니고 있으면서도 낙오된 사람들로 넘쳐나고 있다. 오직 끈기와 의지만이 모든 것을 가능케 한다."
– 레이크 록 지음, 이현정 옮김

그렇습니다. 우리 주변에서 보면 학력 좋은 사람들 중에 놀고 있는 사람들이 한둘입니까. 인맥과 재능 있는 분들도 얼마든지 있지 않습니까. 문제는 의지라고 말합니다. 강한 의지는 어떤 경우보다 중요하다고 레이크 록은 말합니다. 여러분은 성공할 만큼 충분하고도 강한 의지가 있습니까?

또 누군가는 이렇게 말하고 있습니다.

돌팔매질을 당하면
그 돌들로 성을 쌓으라.

너는 쓰러지지 않는 게 꿈이 아니라,
쓰러지더라도 다시 일어서는 게
꿈이 되도록 하라.

한번 넘어지면 누군가가
뒤집어 주어야 하는 거북이보다
넘어져도 우뚝 서고야 마는 오뚝이로 살았으면 한다.
신(神)은 실패자는 쓰서도
포기자는 안 쓰신다.

그뿐일까?
의인은 일곱 번 넘어질지라도
다시 일어난다고 하지 않는가.

종소리가 나면 모여들게 훈련되어 있는 닭들은 자기들을 잡으려는 것도 모르고 종소리만 나면 모여듭니다. 이른바 '훈련된 습관' 입니다. 습관은 '고정관념' 일 경우가 많습니다. 일일신 우일신이라고 했습니다. '날마다 새롭게 또 새롭게' 라는 뜻이지요. 무사안일을 타파하고 성공을 향해서 한 발짝 다가서는, 결코 포기하지 않은 인생이시길 소망합니다. Never Give Up.

| 굴러 떨어진 강사 |

강사가 강의하다 연단에서 굴러 떨어진 이야기를 들어 보셨습니까? 강단도 일터이기 때문에 일하다보면 이런저런 일들이 일어나게 마련인가 봅니다.

반기문 유엔사무총장은 언젠가 이라크의 모처에서 연설 도중 인근에서 폭탄이 터지는 소리에 깜짝 놀라며 머리를 잠깐 숙이는 장면이 있었습니다. 또 어느 강사는 강의하다 쓰러져 유명을 달리한 경우도 있었다고 합니다. 이 경우는 순직이라고 해야 하겠지요.

또 부시 전 미국 대통령은 이라크에선가 어느 중동 국가에서 연설 도중 청중 가운데 한 사람이 던진 신발을 피하느라, 연거푸 머리를 낮추는 일이 있었습니다. 가관이더군요. 그런데 그런 일이 있은 후 그 신발을 제작하는 업체는 돈방석에 앉았다는 뉴스가 있었습니다. 기념이 된다는 뜻으로 주문이 밀려든다는 거지요.

어느 정치인은 선거 유세 중에 계란 세례를 받고는 이왕이면 소금까지 주시면 고맙겠다고 해서 웃음을 자아내기도 하였다고 합니다. 그런가 하면 국회의 대정부질문에서 어느 의원이 총리에게, 9988을 들어보았느냐고 하자, 총리는 '들어보았다. 99세까지 88하게 살자는 얘기가 아니냐. 8899가 돼서는 안 되겠다' 고 하였습니다. 그러자 이번엔 의원이 무슨 뜻이냐고 하자, '88세까지 구질구질하게 살지 말자' 는 얘기라고 해서 폭소가 터지기도 하였습니다.

헌데 필자는 모처에서 강의를 하다가 진풍경을 자아내고 말았습니다. 신나게 한참 강의를 하다가, 그만 발을 헛디뎌 연단에서 굴러 떨어지고 만 것이지요. 서울 근교에 있는 그 연수원의 강의실은 바닥에서 연단으로 올라가는 몇 개의 계단이 있는데, 그 계단에서 떼굴떼굴 굴렀으니 그 꼴이 가관이 아니지 않겠습니까?

순간 필자도 청중들도 "어어!" 하는 소리만 할 뿐 별다른 조치를 취할 새가 없었습니다. 손에 든 무선 마이크와 레이저 포인터는 일어나서 보니 그냥 들려 있었습니다. 지금 생각해보니 필자는 마이크체질인가 봐요. 강사체질이구요. 구르면서도 마이크와 포인터를 꼭 쥐고 있었으니 말입니다.

그리고 필자는 벌떡 일어나 아무 일도 없었다는 듯이 연단 위로 다시 올라와 천연덕스럽게 말했습니다. 연단 위로 올라가는 순간 박수가 터져 나오기 시작했지만 필자는 말했습니다. "구르니까 더 힘이 나네요!"라고 하자, 우레와 같은 박수가 쏟아지더군요. "아까는 좌측으로 굴렀는데 이번에는 우측으로 굴러볼까요?” 하면서 구르는 시늉을 하자 더욱 큰 폭소와 박수가 터지더군요.

여러분, 이상하게도 나는 구르니까 더욱 기분이 좋았습니다. 운동(?)이 되었는지 모릅니다. 요새의 제 강의는 신들린 듯이 진행되는 경우가 많습니다. 그 과정에서 여러 모션들도 취하게 됩니다. 그러다보면 행동 반경이 넓어지기도 하는데, 이때 충분한 공간이 확보되지 않으면 자칫 제 움직이는 몸의 일부분이 천정 또는 벽에 닿거나 극히 드문 일이지만, 이번 일처럼 구르는 경우도 생기는 것 같습니다.

당시 강의장에는 약 200여 명 정도의 수강생들이 있었습니다. 그들은 강사가 즐기는 강의를 하자 학습의 분위기를 만끽하는 듯했습니다. 두 시간의 특강을 계속 웃으면서 진행했으니까요. 제가 그랬습니다. 어차피 인생은 굴러가는 것, 기왕이면 부드럽게 잘 굴러가자고……. 모난 데를 깎아서 둥글게 자기계발을 한다면, 둥근 지구에서 둥글둥글 살아갈 수 있지 않겠느냐고 했습니다.

기왕이면 우리 둥글게 삽시다. 원만한 성품의 소유자가 되십시다. 우리 모두의 건강과 성공과 행복을 위하여 말입니다.

| 인생은 공평한 것인가 |

인생은 공평한 것인가. 어떤 사람은 부잣집에 태어나 잘 살고, 또 어

떤 사람은 가난한 집에서 태어나 힘들게 살기도 합니다. 그래서 많은
사람들은 인생은 불공평하다고 말을 합니다.

임신한 부인이 한국에서 미국으로 건너가 아이를 낳으면, 그 아이는
미국 국적을 갖게 되는 일도 있습니다만, 대개는 태어난 나라를 바꿀
수는 없지요. 또는 내가 아버지를 바꿀 수 있나요? 어머니를 바꿀 수 있
나요? 이렇게 바꿀 수 없는 것을 숙명이라 합니다.

그러나 태어난 후의 삶은 우리의 노력과 의지로 상당부분 자신의 삶
을 개척할 수 있습니다. 그렇기 때문에 이때부터는 공평하다고 해야 할
것입니다. 내 노력 여하에 따라서는 세계적인 대통령도 될 수가 있지
요. 케냐 출신이자 검은 피부의 오바마가 미국의 대통령으로 당선되지
않았습니까. 이것을 운명이라 하는 것입니다.

당신의 운명은 얼마든지 바꿀 수 있습니다. 숙명은 바꿀 수 없지만
운명은 바꿀 수 있고 조정할 수 있는 것입니다. 이때부터는 당신의 노
력이 얼마나 효과적이냐에 따라 달라지는 것입니다. 요 앞쪽에서 보지
않으셨습니까. 포춘이 선정한 500대 기업의 절반 이상의 1세대 기업인
이라는 사실을요. 기회는 얼마든지 있습니다. (앞의 실패의 법칙 참조)

어떤 사람은 자신이 장애인임에도 불구하고 비장애인보다도 더 높
은 위치에 오른 경우도 있습니다. 또 어떤 사람은 눈이 안 보이는 가운
데도 박사학위까지 받아서 정상인도 하기 힘든 직책을 소화하기도 합
니다.

원래 모든 것은 공평한 것이라 생각합니다. 내가 성공할 일을 했으면 성공하고, 실패할 일을 했으면 실패하는 것입니다. 돈을 벌 일을 했으면 돈을 벌고, 잃을 일을 했으면 돈을 잃을 것입니다. 모든 것은 인과응보의 법칙에 따라 진행되는 것입니다. 원인이 있고 결과가 있는 것입니다. 모든 원인은 반드시 결과를 내놓습니다.

그러나 잠시의 오류가 발생하는 경우가 있지요. 세상의 오류가 얼마나 많습니까. 오류가 발생을 하면 결과는 달라집니다. 예를 들면 성공할 일을 했는데도 실패의 열매를 주는 수도 있습니다. 또는 실패할 일을 했는데도 성공의 열매를 주기도 합니다. 이와 같은 오류는 오래가지는 않습니다. 반드시 오류는 정정이 되고 그러면 오류가 발생되는 동안에 있었던 일들도 원래의 위치로 차근차근 돌아가게 됩니다.

그러므로 나는 왜 성공할 일을 했는데도, 실패를 주느냐고 탓해서는 안 될 것입니다. 잠시의 오류에 의한 경우에 해당이 되니까요. 세상이 불공평하다고 하면서 한탄할 필요는 없을 것입니다. 또 실패할 일을 했는데도 성공의 열매가 주어졌다면, 너무 좋아해서는 안 될 것입니다. 이 순간이 지나면 다시 원 위치로 돌아갈 수 있으니까요. 이 현상은 오류가 정정 될 때까지 잠시만 주어진 것입니다.

복권에 당첨이 되었는데 이러저러한 일로 빈털터리가 되었다는 이야기도 들립니다. 그것은 많은 돈을 가져서는 안 될 사람이 갑자기 많은 돈을 가지게 되자, 그 돈을 관리할 능력이 없어서 그렇게 되는 거겠죠.

'인생은 공평한가' 라는 질문에 당신은 어떻게 대답하겠습니까. 빌 게이츠를 비롯한 많은 분들이 세상은 원래가 불공평하다고 말을 합니다. 하지만 나는 생각이 좀 다릅니다. '세상은 불공평 속에서도 공평한 것입니다' 라고 대답을 하고 싶은 것입니다. '콩 심은데 콩 나고, 팥 심은데 팥 나는 것' 입니다. 원인대로 결과가 주어지는 것입니다. 따라서 좋은 결과를 원한다면 좋은 환경과 이미지를 제공해야 합니다.

좋은 환경이란 일반적으로 첫째, 표정이 좋아야 합니다. 좋은 표정이란 반가운 표정을 말합니다. 상대를 사랑하고 감사하는 마음을 가져야 한다는 것이지요. 둘째, 우리가 하는 말이 좋아야 합니다. 칭찬해주고 격려해주고 용기를 심어주는 말을 해야 합니다. 그런 말이 나오려면 습관적으로 상대방을 긍정적으로 보는 노력이 몸에 배어야 합니다. 셋째, 분위기가 좋아야 합니다. 표정이 좋고 하는 말이 좋으면 분위기는 좋게 마련입니다. 이와 같은 분위기를 만드는 일은 그렇게 어려운 일은 아니라고 봅니다. 마음만 먹으면 누구나 가능한 일인 것입니다. 이처럼 우리의 분위기와 환경을 좋게 만드는 일은 매우 중요한 일입니다. 이것이 자신의 이미지로 굳어져버리기 때문인 것입니다.

따라서 좋은 분위기를 가진 분에게 좋은 결과가 와야 합니다. 이런 분이 잘 살기도 해야 합니다. 이런 분이 성공하고 행복해야 합니다. 이런 분이 출세해야 합니다. 이런 분이 자신의 목표를 달성하고 비전을 성취하면서 멋있게 살아야 합니다. 세상이 불공평하다고 하는 분들은 불평이 많은 것 같습니다. '저들은 좋은 환경, 좋은 가정에서 태어난 덕분에 저토록 잘 살고 있잖아. 헌데 나는 이게 뭐야!' 라면서요. 목표가 분명치 않고 그것을 이루려는 노력이 부족한 것은 생각지 않고 환경 탓, 괜히 남의 탓을 하고 있는 것입니다.

'세상은 불공평 속에서도 공평한 것이다' 라고 생각을 하였으면 좋겠습니다. 모든 것은 노력의 대가요. 열정의 대가인 것입니다. 오늘 당신의 의지와 노력과 실행력에 의해서 뭔가 하나는 이루는 하루가 되시기 바랍니다. 원인대로 결과가 주어진다는 것을 아시잖습니까?

| Give & No takes와 귀소본능 |

세상은 주고받으면서 상호관계를 형성하며 유지되어갑니다. 주고받는 경우에는 대개 세 가지 경우가 있습니다.

첫째는 'Take & Give' 로서 먼저 받고 나중에 주는 삶을 말합니다. 먼저 받아야 나중에 줌으로, 이런 삶은 '소극적인 삶' 또는 '폐쇄적인 삶' 이라고 할 수 있을 것입니다.

둘째는 'Give & Take' 로서 먼저 주고 나중에 받는 삶을 말합니다. 먼저 주고 나중에는 받음으로, '효율적인 삶' 이라고 할 수 있을 것입니다.

셋째는 'Give & No Take' 로서 먼저 주고 나중에도 받지 않은 삶을 말합니다. 이런 삶은 '헌신적인 삶' 이라 할 수 있을 것입니다.

어떤 삶이 바람직할까요? 소극적인 삶이나 폐쇄적인 삶은 바람직하지 않겠지요? 효율적인 삶과 헌신적인 삶 중에서 골라야 한다고 봅니다. 약삭빠르게 산다면 아무래도 효율적인 삶을 살아야 하겠지요. 그러나 좀 더 넓고 크게 세상을 산다면 헌신적인 삶이 필요하지 않을까 생각해 봅니다.

세일즈로 지방의 대도시를 섭렵하고 서울로 올라온 세일즈맨이 있습니다. 서울에서도 실적을 쌓으면서 성과를 높이자, 기자가 찾아가서 물었습니다. "선생님의 좌우명은 무엇입니까?" 그러자 곧바로 대답합니다. "네, 저의 좌우명은 Give & No Take입니다"라고 말을 합니다.

주기는 하되 take는 하지 않겠다는 것입니다. 받지는 않는다는 것입니다. 주기만 하고 받지는 않는다면 가난해지지 않겠느냐는 생각이 들 것입니다. 그러나 실상은 그와 반대입니다. 주는 사람에게 오히려 더 돌아가지 않을까요? 만일 필자가 여러분에게 어떤 선물을 한다면, 여러분이 다시 여건이 될 때 누구에게 선물하시겠습니까? 누구에게 주시겠습니까? 아무래도 선물을 준 바 있는 필자에게 줄 가능성이 많지 않을까요? 이것을 '귀소본능(歸所本能)'이라고 저는 말을 합니다. 연어가 새끼를 낳으려면 자기가 난 곳으로 돌아가는 데서 비롯된 말이지요. 부자는 주변에 계속 주는 사람입니다. 나누는 사람입니다. 나누지 않는 사람은 곧 가난해질 것입니다. 그런 사람을 졸부라고 하지요. 가난한 사람은 주변에 나누려 하지 않습니다. 왜요? 나누면 자기 몫이 적어진다고 생각하기 때문입니다. 그래서 부자는 계속 부자가 되고, 가난한 사람은 계속 가난해지는 것인지도 모릅니다. 아니 나눌 것이 없는지도 모릅니다. 그러나 '무재칠시(無財七施)'라는 말이 있지요? 어떤 말일까요?

불교에서 나온 말입니다. 어떤 이가 석가모니를 찾아가 호소를 하였답니다.

"저는 하는 일마다 제대로 되는 일이 없으니 이 무슨 이유입니까?"

"그것은 네가 남에게 베풀지 않았기 때문이니라."

"저는 아무것도 가진 게 없는 빈 털털이입니다. 남에게 줄 것이 있어야 주지 뭘 준단 말입니까?"

"그렇지 않느니라. 아무 재산이 없더라도 줄 수 있는 일곱 가지는 있는 것이니라."

석가모니가 말한 일곱 가지는 다음과 같습니다.

첫째는 '화안시(和顏施)'입니다. 얼굴에 화색을 띠고 부드럽고 정다운 얼굴로 남을 대하는 것이요. 둘째는 '언시(言施)'입니다. 말로써 얼마든지 베풀 수 있으니 사랑의 말, 칭찬의 말, 위로의 말, 격려의 말 등을 하는 것입니다. 셋째는 '심시(心施)'입니다. 마음의 문을 열고 따뜻한 마음을 주는 것입니다. 넷째는 '안시(眼施)'입니다. 호의를 담은 눈으로 사람을 보는 것처럼 눈으로 베푸는 것입니다. 다섯째는 '신시(身施)'입니다. 몸으로 때우는 것으로 남의 짐을 들어준다거나 일을 돕는 것입니다. 여섯째는 '좌시(座施)'입니다. 자리를 내주어 양보하는 것입니다. 일곱째는 '찰시(察施)'입니다. 굳이 묻지 않고 상대의 속을 헤아려 알아서 도와주는 것입니다.

"네가 이 일곱 가지를 행하여 습관이 붙으면 너에게 행운이 따르리라."

석가모니는 이렇게 말하셨답니다.

콩 심은데 콩 나고, 팥 심은데 팥 나는 것입니다. 원인대로 결과가 주어지는 인과응보의 법칙이 세상에는 그대로 적용됩니다. 봄에 밭을 갈고 씨를 뿌리지 않으면 가을에 수확할 수 없습니다.

앞의 세일즈맨의 성공 이유를 이제 아시겠지요? take할 생각을 하지 않고 그저 주기만 하는 것입니다. 그러자 주변으로부터 계속적인 소개가 일어나 오히려 실적을 높이는 것입니다. 그러니 줄 수 있는 것은 주어야 합니다. 받을 생각하지 않고 주어야 합니다. 그것이 부를 이루는 한 방법입니다. 우리도 이와 같은 성공적인 삶을 살아야 하겠습니다. 한 푼 주지 않고 꼭 쥐기만 한다면 잘 살 것 같은데 반드시 그런 것도 아닌 것 같습니다. 주변과 나누는 삶이 나를 행복하게 만드는 삶이 아닌가 합니다.

사람은 이곳저곳 돌아다니면서 생활하다가 자기가 난 곳을 찾아가봅니다. 고향을 찾는 것이지요. 남자라면 군대를 가거나 어떤 계기가 있을 때 찾게 되는 경우가 많은 것 같습니다. 세상의 모든 것은 귀소본능이 있는 것 같습니다. 원래대로 돌아가고자 하는 성질이 있다는 것이지요. 그래서 기쁨을 주는 사람은 더욱 기쁘게 되고, 슬프게 하는 사람은 더욱 슬프게 된다는 것입니다. Give & No Take하는 삶, 귀소본능의 주인공이 바로 당신이 되었으면 합니다.

사람은 꿈이 있기 때문에 삽니다. 그 꿈은 곧 희망입니다. 따라서 사람에게서 꿈이 없다면 희망이 없는 것과 같습니다. 당신은 꿈이 있습니까? 있다면 어떤 꿈을 꾸고 있습니까. 그 꿈이 달성되는 날 당신의 인생은 어떻게 달라집니까?

그렇습니다. 사람은 꿈을 먹고 삽니다. 내일의 꿈과 희망이 있는 사람은 오늘 어떤 어려움도 극복이 가능합니다. 그들은 온갖 열악한 환경 속에서도 꿈을 현실로 가꾸어 가기 위하여 열심히 일을 하기 때문입니다.

서울역이나 용산역 주변의 노숙자들의 문제는 무엇일까요? 집이 없다는 것인가, 가정이 없다는 것인가. 물론 그것들은 현실적인 문제입니다. 그러나 더 근본적인 문제는 그들의 가슴에 꿈이 없다는 데 있습니다. 꿈을 심어줘야 합니다.

꿈을 가지면 노숙을 하면서도 생활이 달라집니다. 꿈이 변화의 원동력이 되기 때문입니다. 그래서 사업부진으로 신용불량자나 노숙자와 같은 막막한 처지에 있다가도 재기에 성공한 이들도 간간이 나오는 것입니다.

필자의 옛 직장 동료를 오랜만에 만났습니다. 그것도 우연히 지하철 안에서……. 많이 변해 있었습니다. 생각해보면 꽤 많은 세월이 흘러 변할 때도 되었지만 그렇다고 해도 너무 변해 있었습니다. 그는 흔히 말하는 일류대학을 나온 인텔리로서 한때 같은 부서에서 근무를 했던 멋진 친구였는데…….

이마에 깊은 주름과 희끗희끗한 머리야 세월 탓이니 누군들 막을 수 있을까만, 꿈을 잃은 듯한 눈동자와 왠지 자신이 없어 보이는 모습이 옛날 같지 않았습니다. 어디 몸이라도 불편한 것일까. 그 패기 넘치던 당당함은 다 어디로 갔을까. 그 모든 게 다 세월 탓이란 말인가. 그렇다면 나도 그렇게 보였겠지. 사오정을 지난지가 아득한 옛날이니…….

그래서 나는 꿈을 꿉니다. 세월에 밀려 몸이 부서져가도 내 본연의 모습을 잃지 않기 위해 꿈을 꿉니다. 밤에도 꾸고 낮에도 꿉니다. 눈을 감고도 꾸고, 뜨고도 꿉니다. 꿈은 아름다운 것이고 그래서 꿈을 꾸는 사람은 아름다운 삶을 산다지 않습니까. 그 꿈을 현실로 이루기 위해 노력해 가는 과정이 곧 아름다움인 것입니다.

그래서 나는 외칩니다. "고난이 이어진다고 슬퍼하지 마라. 그 고난을 딛고 일어설 용기가 없음을 슬퍼하라. 가난하다 슬퍼하지 마라. 그 가난에서 희망의 싹을 틔울 수 없음을 슬퍼하라. 친구가 없음을 슬퍼하지 마라. 배려하지 못하고 이기적임을 슬퍼하라. 지식이 없음을 슬퍼하지 마라. 지혜가 없고 감성이 메마름을 슬퍼하라. 나이가 들어감을 슬퍼하지 마라. 호기심이 없고 꿈이 없음을 슬퍼하라."

꿈은 불확실한 미래의 등불이자 운전수입니다. 갈 길을 비쳐주고 가야 할 방향으로 자신을 운전해주기 때문입니다. 당신은 어떤 꿈을 꾸고 있는가, 당신이 꾸는 꿈을 실현하기 위하여 설레는 가슴으로 눈을 뜨고 있는가를 살펴봅시다. 그 꿈이 당신의 가슴에 불을 질러서 변화의 현장으로 내몰 것입니다.

| 99보다 힘센 1 |

99보다 1은 99배나 적습니다. 그런데 그 '1'이 '99'보다 큰 경우가 있습니다. 어떤 경우일까요?

물을 끓이면 증기라는 에너지가 생긴다.
0도씨의 물에서도 99도씨의 물에서도
에너지를 얻을 수 없기는 마찬가지이다.
그 차이가 자그마치 99도씨나 되면서.

에너지를 얻을 수 있는 것은 물이 100도씨를 넘어서면서부터이다.
그러나 99도씨에서 100도씨까지의 차이는 불과 1도씨.
당신은 99까지 올라가고도 1을 더하지 못해 포기한 일은 없는가?

– 정채봉 시인, 《처음의 마음으로 돌아가라》에서

우리는 평소 많은 노력을 합니다. 99도까지 가고도 마지막 1도씨를 올리지 못해서 패배한 경우는 없을까? 얼마든지 있을 겁니다. 아, 그때 조금만 더 노력했더라면 달성할 수 있었을 텐데…….

그렇다면 이제부터는 포기하고 싶을 때 조금만 더 참읍시다. 포기하고 싶을 때 조금만 더 기다립시다. 기다리다 에너지가 충전되면 그때 다시 시작합시다. 도전합시다. 또 다시 도전합시다. 성취할 때까지 도전합시다.

| 밀물 때가 온다 |

과학영농의 발달로 사시사철 아무 때나 재배하고 수확하는 경우가 있기는 합니다. 그래서 한 겨울에 딸기가 나오고, 한 겨울에 모를 심기도 합니다. 최근에 보니까 도시의 조그만 공간에서도 상추를 아무 때나 재배해서 공급하는 영농공장이 생겼던데요. 일반토양에 재배하는 것보다 5배가 높은 효율이 있다고 합니다. 태양광이 없이도 수은으로 태양을 대신하고 완전무균재배를 함으로, 씻지 않고도 먹을 수 있다고 하니 참 편리한 세상이 되었습니다.

그렇지만 인생에는 때가 있는 것 같습니다. 일어날 때가 있고, 일할 때가 있고, 잠을 잘 때가 있습니다. 밭을 갈 때가 있고, 씨를 뿌릴 때가 있고, 수확을 할 때가 있다는 말이지요. 그때를 놓치면 어려움이 많다는 말입니다. 때를 놓치지 않기 위해서는 쉼 없이 준비해야 합니다. 준비하는 자에게 기회(때)는 오는 법입니다.

폴 포츠는 성악가의 꿈을 포기하지 않았기 때문에 핸드폰 장사를 하면서도 노래를 부릅니다. 노래를 부르면서 준비하다 보니까 기회가 주어집니다. 무대에 섭니다. 그러자 청중들이 "저건 또 뭐야!" 하는 태도로 그를 쳐다봅니다. 심판들도 냉소적이기는 마찬가지였습니다. 그의 자세가 워낙 볼품이 없었기 때문이겠지요.

그러나 그의 입에서 아름다운 선율이 흘러나오기 시작하자 사람들이 놀라는 겁니다. 드디어는 기립박수로 그를 맞이합니다. 심판들의 태도도 180도 달라진 것은 물론입니다. 그의 노래가 워낙 훌륭했기 때문입니다. 이렇게 해서 위대한 성악가 폴 포츠는 탄생을 합니다. 2007년 6월이었습니다.

사람들은 기대했던 곳에서 기대했던 결과가 나오면 만족합니다. 그러나 기대하지 않았던 곳에서 어떤 훌륭한 결과가 나오면 사람들은 감동을 하고 흥분을 합니다. 열광을 하고 졸도를 합니다.

혹시 여러분에게 고객들이 기대를 하지 않는다면 '차라리 잘 됐다'라고 생각을 하십시오. 그리고 준비를 하십시오. 열심히……. 그러다 보면 기회가 올 것입니다. 기회가 오면 그들을 감동시킬 만큼 잘해주십시오. 그러면 그들은 예상대로 감동할 것입니다. 기립박수로 여러분을 환영할 것입니다. 그동안 때가 되지 않아 여러분은 고객을 감동시키지 못했을지 모릅니다.

여기 때가 온다는 인상적인 글이 있습니다.

반드시 밀물 때가 온다.

유명한 강철왕 카네기의 사무실 한 벽에는 낡고 커다란 그림 하나가 그의 일생동안 걸려 있었다고 합니다. 이 그림은 유명한 화가의 그림이 거나 골동품적인 가치가 있는 그림은 아니었습니다.

그림 내용은 커다란 나룻배 하나와 배를 젓는 노가 썰물 때에 밀려와 모래사장에 아무렇게나 던져져 있는 것으로, 무척 절망스럽고 처절하게 까지 보이는 그림이었습니다.

그런데 그 그림 밑에는 '반드시 밀물 때가 온다' 라는 글귀가 씌어 있 었다고 합니다.

누군가가 카네기에게, 왜 이 그림을 그렇게 사랑하느냐고 물었더니 그의 대답은 다음과 같았습니다.

그가 청년시절에 세일즈맨으로 이집 저집을 방문하면서 물건을 팔았 는데, 어느 노인 댁에서 이 그림을 보았다는 것입니다. 그에게는 이 그 림이 퍽 인상적이었고, 특히 '반드시 밀물 때가 온다' 라는 글귀는 오랫 동안 그의 뇌리에서 잊혀지지 않았습니다.

그래서 28세 되던 해에 기어코 그 노인을 찾아가 용기를 내어 청했 습니다. 할아버지께서 세상을 떠나실 때에는 이 그림을 자기에게 줄 수 없겠느냐고 부탁을 드렸던 것입니다. 노인은 그의 청을 들어주었습 니다.

카네기는 이 그림을 일생동안 소중히 보관했고, '반드시 밀물 때가 온다' 라는 말을 그의 생활신조로 삼았다는 것입니다.

| 성공 프로세스 |

성공적인 인생을 살아가기 위해서는 다음의 프로세스가 필요하다는 생각이 듭니다.

첫째, 과거의 성취경험을 적어봅니다.
종이를 꺼내놓고 과거에 잘한 일, 칭찬을 들은 일 등을 망라해서 적어봅니다. 예를 들면 초등학교 다닐 때 반장을 한 일, 칭찬을 들은 일, 무슨 상을 탄 일, 또는 중학교나 고등학교 다닐 때 시험을 잘 본 일, 선생님한테 인정을 받은 일 등 자신이 이룬 나름대로의 업적과 성과를 적어봅니다. 그것은 '나는 할 수 있다' 는 자신감을 회복하기 위해서입니다. 어릴 때도 했는데 지금은 더 잘할 수 있다는 가능성을 갖기 위해서입니다.

또는 나는 이런 어려움을 잘 이겨냈다고 하는 긍지와 자부심을 갖는 일도 중요하지요. 누구든지 잘 찾아보면 반드시 한두 가지는 잘한 일이 있을 것입니다. 그것을 바탕으로 이제 나는 어떤 꿈과 목표도 이룰 수 있다는 확신과 자신감을 갖는 것입니다. 그 자신감으로 희망찬 인생을 설계해 보는 것입니다.

🖋 **나의 경우 :**

초등학교 1학년 때 부반장을 했던 일과 성품이 좋다고 어른들로부터, 특히 할머니로부터 칭찬을 자주 들었던 일이 생생합니다. 중학교를 거쳐 고등학교 졸업 당시에는 입학원서만 내면 합격할 수 있는 3류 대학에도 떨어집니다. 그러자 절망을 하고 다시는 공부를 안 하겠다고 결심을 합니다. '이 돌대가리가 공부를 해본들 무슨 소용이 있겠느냐' 라면서요. 그래서 혹시 나중에라도 공부를 하게 될까봐 책을 몽땅 불태워버렸던 일이 떠오릅니다.

그리고는 앞에서도 말씀을 드렸지만 실컷 놀러 다닙니다. 놀러 다니다 보니까 더 이상 놀러 다닐 데가 없을 정도가 되자 뒤늦게 후회를 합니다. '아하, 그래도 내가 할 수 있는 것은 공부밖에 없구나' 하고 말입니다. 그래서 다시 공부해서 1년여 만에 '영어도사' 가 되었던 일이 자랑스럽게 부각이 됩니다. 그 자신감으로 대학에 가고, 미국도 우수한 성적으로 다녀오는 일종의 업적을 이루었습니다. 이러한 부분들이 나의 지난날의 성과 중 일부라고 할 수 있습니다. 그 후에 이룬 일도 여러 가지가 있지만 이것만으로도 긍지와 자부심을 주기에 충분합니다. 물론 과거에 못한 일도 얼마든지 있지만 그런 일이 떠오를 때는 얼른 긍정적인 생각을 해버립니다. 그러면 그 일들은 좋은 일로 바뀌게 됩니다. 항상 생각을 밝게 가지도록 노력해야 합니다.

둘째, 목표를 명확히 하는 것입니다.

산속에 있는 사람이 '북극성' 을 보면서 방향을 잡아가듯, 인생이라는 여행길의 이정표는 무엇일까요? 그건 목표가 아니겠습니까? 목표가 분명한 사람은 길을 잃을 염려가 없는 것입니다. 따라서 인생의 낭비도 줄어들겠지요. 낭비가 적으면 성공확률도 높겠지요. 내 인생에 가슴 뛰는 목표는 무엇인가? 오늘 그것을 찾아보아야 합니다. 1~3년 미만의 단기목표, 3~5년 정도의 중기목표, 5년 이상의 장기목표로 구분해서 적어 보아야 합니다. 목표는 분명할수록 이루어질 가능성이 많습니다.

당신은 종종 화살 시위를 당겨야 합니다. 어디를 향해 당길 것입니까? 당신이 축구를 한다면 골대를 향해 공을 차야 하겠지요. 그 골대! 그것이 필요합니다. 피터 드러커 교수는 '나는 어떤 사람으로 기억되길 원하는가?' 라는 질문을 했는데, 이 말은 장차 당신이 떠나는 장례식장에서, 사람들이 당신을 어떤 사람으로 기억해 주길 원하는지 묻는 말입니다. 우리가 목표를 설정하는데 필요한 질문이기도 하지요.

나의 경우 :

고 이병철 삼성 창업자는 1982년 73세에 일본을 이길 반도체 사업을 시작했다고 합니다. 그 나이에 새로운 사업을 시작하다니 대단한 일이었습니다. 그 결과 삼성은 2010년 2월 현재 시가 총액 면에서 드디어 세계에서 가장 큰 전자회사가 되었습니다. 1등을 한 것이지요. 일본의 전자업계를 일찌감치 따돌리고.

비전과 목표는 원대할수록 좋다고 합니다. 일본의 손정의 회장은 20대에 이름을 알리고, 30대에 천억 엔의 자금을 마련하고, 40대에 사업에 승부를 걸고, 50대에 사업을 완성하고, 60대에 다음 세대에 물려준다고 하였습니다. 그러나 필자에게는 거창한 목표는 없습니다. 오직 지금 하는 일을 더욱 잘 해서 필자가 하는 일에 있어서 한 획을 긋고 싶습니다. 필자가 지금 하는 일이 무엇일까요? 주업이 강의이고 부업이 주례입니다. 강의도 주례도 각 3,500여 회를 하였습니다. 모두 합치면 7천여 회가 되지요. 그만하면 이력이 생길만도 합니다만 더욱 잘 할 수 있는 방법을 찾아서 끊임없이 연구를 해야 합니다. 그래야 발전하고 앞으로 30년간 건강한 모습으로 활동할 수 있지 않겠습니까? 필자가 20대 ~30대에 있다면 정말 원대한 목표를 세울 것입니다. 아니 40대라 해도 그럴 것 같습니다. 모든 것은 연륜과 더불어서 함께 가는 것이 인생이니 그 인생에 발을 맞추어야 하겠지요.

셋째, 내가 가동할 나의 자원은 무엇인지를 파악합니다.

꿈을 이루는 데는 모든 것을 다 동원해야 합니다. 그 중에서도 내가 활용할 자원은 무엇인가를 체크해 봅니다. 이 자원은 내가 갖고 있는 핵심역량입니다. 앞으로 모든 일을 할 때 활용할 것입니다. 나의 인간관계 지수는 어떠한가? 나의 꿈을 이룰 열정은 충만한가? 어떠한 일이 난관에 부딪쳤을 때 그것을 어떻게 돌파할 것인가? 돌파력도 중요하고, 돌아가는 여유도 필요합니다. 언제나 옳은 판단을 할 수 있는 지혜는 있는가? 긍정성은 있는가? 끈기를 갖고 꾸준히 도전하는 용기는 있는가? 창조성은 있는가? 자신감은 있는가? 웃을 수 있는가? 이러한 자원들이 내가 꿈을 이루는데 꼭 필요한 자원들입니다.

그 자원들을 우선순위에 따라 활용함으로써 꾸준히 목표달성을 위해 노력하는 자세가 필요합니다. 누구에게나 필요한 중요한 자원 중에 '시간' 자원이 있습니다. 시간 경영을 어떻게 할 것이냐에 따라 성공과 실패가 주어진다 해도 해도 과언이 아닙니다. 중요한 일에 시간 투자를 해야겠지요. 긴급한 일은 적을수록 좋습니다. 어떤 일과 일 사이의 자투리 시간 활용도 별것 아닌 것 같지만 중요한 것 같습니다. 또한 '마감시간'을 정해놓으면 느슨하지 않고 집중력과 긴장감도 높아지는 것 같습니다. '사라지는 시간은 우리의 책임이다' 라는 말이 영국 옥스퍼드 대학의 한 시계 문자판에 새겨져 있다고 합니다. 그렇습니다. 오늘 사용하지 않고 사라지는 시간은 전적으로 나의 책임입니다.

✎ 나의 경우 :

나의 자원은 무엇일까? 우선 자기 자원부터 생각해 보겠습니다. 나에게 어떤 자원이 있을까? 웃는 자원이 있습니다. 누가 싫은 소리 하면 스트레스 덜 받고 웃어넘길 수 있는 자원이 있는 것 같습니다. 긍정적인 사고도 중요 자원입니다. 적극적인 사고도 있는 것 같습니다. 도전정신도 있고, 학습성도 있는 것 같습니다. 용기도 꽤 있는 것 같습니다. 인간미도 좋고, 끈기와 지구력도 있는 편인 것 같습니다.

헌데 무식하면 용감하다는 말이 있듯이 알면 알수록 왠지 자신감이 없어지는 것 같기도 합니다. 그 자신감을 회복해야겠지요. 칭찬도 잘하는 편입니다. 그렇다면 좋은 것은 다 나열해 놓은 것 같은데……. 그렇습니다. 나에게는 좋은 점이 많습니다. 실제로 내 주변을 다면평가하면 어떻게 나올지는 모르지만 말입니다. 그러나 이와 같은 나의 자원이 정말 나에게 도움이 되는지, 그렇지 않은지는 잘 모르겠습니다. 그러나 바라건대 나를 만나는 거의 모든 사람들은 나를 매력적인 사람으로, 이미지가 괜찮은 사람으로 봐주기를 바랍니다.

넷째. 목표에 우선순위와 기한을 정하고 매일같이 낭송하십시오.

목표에 우선순위와 기한을 정하면 긴장하게 됩니다. 언제까지 달성해야 한다는 압박감이 오기 때문에 그것을 이루려는 노력이 경주됩니다. 따라서 성취될 가능성이 높아집니다. 사실은 목표를 갖는 순간 우리 몸의 스위치가 'ON'으로 켜집니다. 그래서 작동이 되기 시작할 준비를 하는 거지요. 우선순위부터, 달성 기한이 빠른 것부터 작동이 되기 시작합니다. 간절한 목표는 내 몸의 그것을 알고 순서를 정해줍니다. 따라서 간절한 목표일수록 좋겠지요.

여기에 매일같이 해야 할 것은 자신의 목표 리스트를 낭송하는 것입니다. 반드시 소리 내어 낭송하십시오. 속으로만 하면 효과가 떨어집니다. 우리의 뇌가 그것을 못 듣기 때문입니다. 듣지 못하면 인지하는 것도 약해지겠지요. 매일 부지런히 낭송하다보면, 자신의 목표는 반드시 이루어질 것이라는 확신에 불타게 될 것입니다. 확신이 안 들면 그 목표는 가짭니다. 확신을 가지는 것이 중요합니다. 믿음보다 강한 것이 확신입니다. 내 목표를 반드시 이루겠다는 확신, 이루고야 말겠다는 의지, 이러한 것들이 결합이 될 때 엄청난 힘이 나옵니다.

✎ **나의 경우 :**

나의 우선순위는 무엇인가? 아침에 일어나면서부터 '오, 해피 데이' 노래를 부르고, '유쾌한 육쾌'를 하고, 암시문과 내 목표를 낭송하는 일을 합니다. 이것이 약간 변경되는 경우도 있지요. 물론 아침 일찍 강의를 가는 날은 못하기도 하지만 가능하면 매일매일 하려고 합니다. 다음으로 우선순위에 따라서 원고를 마무리하고, 독서를 하고, 강의 준비를

하고 하는 이런 일들이 반복되지요. 암시라는 것이 있지요. 자기 암시
는 우리가 성공으로 가는데 충직한 보조역할을 합니다. 잠재의식에 입
력시키는데도 많은 도움이 됩니다. 따라서 암시문을 낭송하듯 목표 리
스트를 확신을 가지고 낭송하고 있지요.

다섯째, 마음의 영상을 그립니다. 시각화(Visualization)하라는 것입
니다.

세상의 모든 것은, 예를 들면 TV라든지, 책상이라든지, 핸드폰이라든
지 등등은 세상에 나오기 전에 누군가에 의해서 상상이 되었습니다. 그
상상된 것을 스케치하였고, 다시 그것을 어떤 제작자에 의해서 만들어
졌습니다. 우리는 그것들을 편의상 돈을 주고 사서 활용하고 있을 뿐입
니다. 따라서 상상력은 모든 것의 탄생의 전단계라고 할 수 있을 것입
니다.

따라서 상상을 잘 해야 합니다. 미래는 상상하는 대로 오는 것입니
다. 우리의 목표들도 달성이 되기 전에, 언젠가는 그 목표들을 설정한
사람에 의해서 상상이 될 겁니다. 상상이 되면 그 목표는 달성될 날이
가까이에 다가왔다는 것을 뜻하는 것이 되겠습니다. 따라서 상상력은
곧 힘입니다. 당신의 상상력을 어떻게 발휘할 것인가에 따라 당신의 미
래가 결정될 것입니다. 필자는 강사로서 강의를 하기 전에 강의를 잘하
는 장면을 떠올립니다. 그러면 영락없이 강의를 잘하게 됩니다. 그러나
강의가 시원찮은 장면을 떠올리면 곤란하겠지요. 틀림없이 그렇게 될
것이기 때문입니다. 따라서 모든 강사는 강의를 잘하기 위해서 준비를
열심히 해야 합니다. 리허설도 열심히 해야 합니다. 또한 중요한 것은

강의를 잘하는 상상을 하는 일입니다.

　이와 같은 상상력은 거의 모든 사업에 적용이 된다고 생각을 합니다. 현실의 비즈니스가 있기 전에 상상력에 의한 영상이 앞서 온다는 사실을 명심하시기 바랍니다. 아마 모든 일에는 고객이 필요할 것입니다. 그렇다면 수많은 고객이 몰려와서 음식을 먹든지, 물건을 사는 장면을 상상하십시오. 당신이 그와 같은 비즈니스가 필요하다면 말입니다. 그러면 현실적으로 그러한 일이 벌어질 수도 있을 것입니다. 상상은 현실이 되기 위한 과정이기 때문입니다. 상상의 힘은 놀라운 위력을 발휘합니다. 당신의 목표를 이루는 장면을 상상하십시오. 뚜렷하게 그 장면을 보면서 즐기십시오. 시각화하십시오. 그러면 99% 달성이 될 것입니다.

나의 경우 :

　2010년 1월에 있었던 40회 스위스 다보스 포럼의 주제는 'Re-build, Re-design, Re-think' 였습니다. '다시 건설하고, 다시 디자인 하고, 다시 생각하자' 는 것입니다. '다시' 는 이런 뜻이라고 생각해 봅니다. '다시 생각' 하자는 것이지요. 즉 '다시 생각' 해서 건설하자는 것입니다. '다시 생각' 해서 디자인하자는 것입니다. '다시 생각' 해서 생각하자는 것입니다. 생각의 사촌은 상상력입니다. 따라서 다보스 포럼의 주제는 '상상력' 이라고 바꿔 써도 좋을 것입니다. 상상력은 참 중요합니다. 내가 상상하는 것이 나의 미래입니다. 나는 결코 내가 상상하는 범위를 벗어날 수 없습니다. 따라서 다양한 경험을 하면서 멋있게 살려면 상상의 나래를 마음껏 펼쳐야 합니다.

상상력은 건축물을 변화시키고, 자동차를 변화시킵니다. 모든 제품의 외관을 변화시킵니다. 그 외관은 디자인이죠. 디자인은 상상력의 산물입니다. 상상은 현실보다 반드시 앞서 옵니다. 우리가 꿈꾸는 꿈이나 목표도 상상을 하면 반드시 그렇게 되어 갑니다. 그것이 시각화라는 것이지요. 시각화를 돕기 위해서 어떤 집이나 인물의 사진을 붙여놓고 '나도 저렇게 될 거야!', '나도 언젠가는 저런 집에 살 거야!', '나도 이 아가씨처럼 S라인이 될 거야!' 라고 기원하면 반드시 현실이 되어 간다는 것이지요.

여섯째, 구체적인 실행계획을 세우고 실행합니다.

계획은 때로는 희생을 요구합니다. 어떤 희생을 치르더라도 이것만은 반드시 성취하고야 말겠다는 강한 성취욕구가 있어야 합니다. 처음에 성취 목록을 적어보는 것도 자신감을 갖기 위해서인 것입니다. 계획과 목표, 비전, 꿈, 사명은 세트로 함께 다닌다고 보면 됩니다. 일종의 시스템이라고 해도 되겠지요. 사명은 내가 세상에 온 이유이고, 꿈은 그 세상에서 꼭 이루고 싶은 소원이고, 비전은 꿈을 더욱 구체화한 것입니다. 목표는 비전을 세분화해서 시간대별로 나눈 것이고, 계획은 목표를 일정별로 나눈 것입니다.

따라서 계획은 매일매일 우리가 실행해야 할 일입니다. 필자는 일 년의 계획을 우선순위에 의해서 먼저 플랜(plan)을 짭니다. 다음으로 한 달 계획을 잡고, 다시 그때그때 필요시 수정 보완을 합니다. 계획을 액션 리스트라고 할 수 있지요. 오늘 당신은 계획대로 실행하고 있습니까? 물론 계획이니까 변경도 가능하지요. 피치 못할 일이 있을 때, 또는

더 좋은 계획을 위해서 기존의 계획은 수정이 가능합니다. 이렇게 목표
는 계획을 필요로 합니다. 계획이 없는 목표는 허구일 뿐입니다.

매일매일 액션 리스트를 실행하려고 노력합니다. 실행하면 현실이
되어갑니다. 가끔 예기치 못한 일들이 튀어 나오기도 하지만, 나는 오
늘도 우선순위에 따라 중요한 일을 처리하고 있습니다. 강의가 없는 날
에 원고를 정리하는 일은 매우 중요한 일이지요. 독서와 운동도 빠질
수 없는 일입니다. 잠시 후에는 강의를 들으러 갑니다. 강사는 다른 강
사의 이야기를 잘 들어야 합니다. 잘 들어야 잘 말할 수도 있는 것이지요.

일곱째, 이와 같은 성공의 프로세스를 즐기는 것입니다.
꿈을 이루는 과정을 즐기면 꿈은 자동적으로 이루어지게 되어 있습
니다. 즐기는 자는 못 당합니다. 즐기면서 일을 하면 성과가 좋습니다.
생산성이 오릅니다. 능률이 향상됩니다. 따라서 즐기는 게 필요합니다.
모든 일을 즐기면서 하면 그 자체가 성공이 보장되는 것이지요.

성공의 프로세스를 즐기려고 합니다. 성공의 프로세스 7과정을 즐기
면 성공은 거의 자동적으로 오지 않겠나 싶습니다. 다시 한 번 정리하
면 첫째, 과거의 성취경험을 적어봅니다. 그러면 나도 할 수 있다는 자
신감이 들 것입니다. 둘째, 명확한 목표를 설정하는 일입니다. 그 순간
스위치가 '온' 될 것입니다. 셋째, 가동할 자원을 파악하는 일입니다.
그 자원은 나의 핵심역량이 될 것입니다. 넷째, 목표에 우선순위를 정

하고 매일 낭송하는 것입니다. 우선순위와 낭송의 힘이 무한함을 느끼게 될 것입니다. 다섯째, 마음의 영상을 그리는 일입니다. 내 목표가 이루어지는 장면을 그리는 것만으로도 상당한 효과가 있을 것입니다. 여섯째, 실행계획을 실행하면 오늘도 한 단계 앞으로 나아가는 것입니다. 일곱째, 이와 같은 성공프로세스를 즐기는 것입니다. 이 일곱 과정을 즐기면 당신도 성공자입니다.

| 희망의 창조 |

회기역(경희대 입구) 한쪽에 떡을 파는 코너가 생겼습니다. 언젠가 그 주변에 갈 일이 있어서 갔다가, 그 떡 코너에서 처음으로 떡을 사보았습니다. 떡이 너무 맛이 있길래 다음에 다시 그 떡 코너를 찾았습니다. 떡 파는 젊은이가 있다가 필자가 다가가자 반가운 얼굴로 맞이합니다.

"아, 선생님, 반갑습니다." 그러자 제가 그랬습니다. "지난번에도 떡을 사갔는데 오늘도 사려고 합니다" 하면서 즉흥적으로 이렇게 외쳤습니다. "아, 맛있는 떡이여. 떡! 떡 참 맛있습니다! 꿀떡이여, 꿀떡!" 하면서 한 바퀴 휙- 돌았지요. 장사하는 분들이 적극적으로 손님을 끄는 일종의 '퍼포먼스' 같은 행동을 한 것입니다. 필자는 누가 시키지 않아도 그 순간은 순수하게 장사하는 입장, 즉 떡을 파는 사람이 된 것입니다. 간혹 기분이 아주 좋을 때 나오는 자연 현상입니다.

그러자 사람들이 몰려드는 것이 아닙니까? 몰려든 그분들이 떡을 두 봉지씩, 세 봉지씩 막 사가는 것입니다. 그러자 판매원은 "떡이 안 팔렸었는데 선생님이 오니까 잘 팔리는군요"라고 말을 하면서 기분 좋게 웃습니다. 그렇습니다. 이 손님들은 필자가 데리고 온 손님이라고 해도 좋을 듯합니다. 왜냐면 필자가 한 바퀴 돌면서 "떡이여, 떡!"이라고 외치니까 몰려든 손님이라고 봐지기 때문입니다.

이것이 바로 어떤 의미에서는 '기회를 창출하는 한 방법이 아닐까'라고 생각을 해봅니다. 장사가 잘 되도록 해주면 그게 기회창출이지요. 비록 내 일이 아니라 하더라도 도와줌으로써 그 일을 잘 되게 하면 되는 것입니다. 장사가 잘 되는 사회는 살기 좋은 사회일 것입니다. 그러면 모두가 활력이 넘쳐서 제각기 주어진 일들이 씽씽 잘 돌아가지 않겠습니까?

장사가 안 된다고 생각해보세요. 장사가 안 돼서 폐업을 하는 입장을 생각해 보세요. 죽을 맛입니다. 장사가 안 되는 것은 남의 일이 아니라 바로 내 일입니다. 내 생존과 관련된 일이지요. 내 일만이 내 일이 아니라는 것입니다. 내 이웃의 일도 내 일이라고 생각해야 합니다. 내 이웃이 행복하면 나에게도 행복이, 내 이웃이 불행하면 내게도 불행한 일이 올 수 있는 것입니다. 우리는 서로 연결된 사회에서 살아가고 있기 때문입니다.

최근 도요타의 불행한 사태가 한국에는 기회일 수 있겠지요. 서로 경쟁하는 관계니까요. 최대한 그 기회를 활용해야 합니다. 그러나 한 단계

위에서 보면 우리에게도 똑같은 위기가 올 수 있다는 것입니다. 그러니 너무 좋아할 일만은 아니라는 거지요. 우리도 철저히 그와 같은 일에 대비해야 합니다.

한번은 지하철에서 칫솔을 파는 사람이 있었답니다. 그런데 칫솔이 하나도 안 팔렸습니다. 그러자 그는 말합니다. "나는 희망이 있습니다. 왜냐면 다음 칸이 있으니까요" 하면서 다음 칸으로 가더라는 것입니다.

희망은 우리 마음속에서 일어나는 것입니다. 긍정적일 때 일어나는 것이지요. 빛이 나타나면 어둠은 사라지듯이 긍정성은 어둠속에 빛과 같은 것입니다. 그 긍정성은 창의성을 낳고, 창의성은 도전성을 낳고, 도전은 성과를 낳습니다. 성과는 성공으로 자연스럽게 이어지지요. 실패해도 가치가 있습니다. 그 실패에서 교훈을 얻으면 더욱 큰 성공으로 이어질 수 있기 때문입니다.

하루는 의정부의 모처에서 강의를 마치고 돌아오는데 저녁시간이 되었습니다. 마침 배가 출출하기도 하고 해서 뭘 먹을까 하는 참에, 옥수수 파는 아주머니가 보이는 거예요. '잘 됐다! 하나 사먹으면서 오늘은 저 아주머니의 옥수수 판매를 도와주어야겠다'고 생각을 했습니다. 그래서 옥수수를 하나 사먹고서 회기역에서처럼 잠깐 외쳤습니다.

"맛있는 옥수수가 있습니다. 꿀맛입니다. 꿀맛!" 하고 막 외쳤지요. 그래도 옥수수는 잘 팔리지 않습니다. 사람들이 별로 없는 거예요. 우선 고객이 주변에 많아야 할 텐데 고객이 모이지 않습니다. 생각보다 오늘 저녁은 성과가 별로입니다. '지난번에 떡은 잘 팔렸었는데 왜 오늘은 안 팔릴까?' 잠깐 생각해 보았습니다.

사람(고객)들이 적은 것이 주된 원인이라고 생각을 했습니다. 그런데 반드시 그런 것만은 아닌 것 같았습니다, 아줌마의 옥수수를 가까이 살펴보고는 안사는 사람도 있었기 때문입니다. 그렇다면 옥수수에 문제가 있는 것일까? 즉 아이템상의 문제인가? 마케팅의 문제일까? 세일즈의 문제일까? 판매원의 판매 전략이 잘못된 것일까? 왜 이럴까? 허긴 안 될 때도 있는 것이지요. 모든 일이 잘되는 것은 아닙니다. 좋은 날이 있는가 하면 궂은 날도 있는 것이지요. 그래도 제가 좀 도와준 덕분으로 얼마간의 옥수수를 판 아주머니는 서울행 전철에 몸을 싣고 가면서 판답니다.

내가 할 수 있는 일이면 사양하지 말고 도와주는 데서, 희망은 싹틀 수 있다고 생각을 합니다. 필자가 떡을 파는 일을 잠시잠깐 도와주는 것도, 또는 옥수수 파는 아줌마를 도와주는 일도 조그만 희망이지요. 이 조그만 희망들이 서로 쌓이면 큰 희망이 될 수도 있을 겁니다. '누구의 일이거나 잘 되도록 해주자!' 는 겁니다. 비록 내 일이 아니라 해도 그 일들이 잘 되면 우리 사회가 그만큼 발전해 가는 것입니다. 사회가 발전하면 그 사회의 일원인 나에게도 도움이 되지 않겠습니까?

인장지덕(人長之德)이요, 목장지패(木長之敗)라는 말이 있습니다. 잘 되는 사람이 옆에 있으면 덕을 보지만, 잘 크는 나무의 그늘에서는 작은 나무가 잘 자라지 못한다는 뜻입니다. 우리 사회는 두 말할 것 없이 사람으로 구성된 인적네트워크사회입니다. 따라서 잘 되는 사람이 옆에 있으면 그 덕을 알게 모르게 보게 되어 있지요.

우리는 서로 도우며 살아야 합니다. 인장지덕처럼 힘이 있는 사람은 힘이 없는 사람을 도와야 합니다. 그게 가진 자의 도리이며 권리라고 생각합니다. 빌 게이츠는 가장 많은 돈을 가진 사람이면서 동시에 가장 많은 도움을 주는 사람입니다. 사회공헌을 많이 하고 있다는 뜻입니다. 훌륭한 분일수록, 선진사회일수록 공헌활동을 많이 한다고 하지요.

또한 능력이 없는 사람도 잘 살 수 있다는 꿈을 갖고, 그에 걸맞은 일을 하면서 능력을 키워갈 수 있는 사회, 그런 사회가 희망이 있는 사회가 아닌가 생각합니다.

| 균형 잡힌 성공 |

필자가 강사로 있는 성공아카데미에서는 목표를 일곱 분야로 나누어 균형적인 삶을 사는 것이 성공이라고 말하고 있습니다. 그것을 잠깐 보도록 하겠습니다.

첫째, 건강 분야

다른 모든 부분이 성공했다 하더라도 이 부분이 부실하면 성공했다고 할 수 있을까요? 없을 것입니다. 흔히 '돈을 잃으면 조금 잃은 것이요, 명예를 잃으면 많이 잃은 것이요, 건강을 잃으면 다 잃은 것이다' 라는 말도 있듯이. 제 주변에도 그동안 고생고생하면서 이제 겨우 살만해지자 정작 본인은 시름시름 앓다가 죽고 마는 경우가 있습니다. 우선 건강해 놓고 봐야 어떤 일도 제대로 처리할 수 있겠지요. 건강을 위해서는 무엇을 어떻게 해야 할까요? 한 치도 소홀함이 없어야 하는데 건강할 때는 대개 건강의 중요함을 못 느끼는 것 같습니다.

나는 지금의 몸 상태를 90세까지 유지한다는 목표를 세웠습니다. 71cm의 키에 몸무게 72~73kg을 유지하는 것입니다. 이 말은 지금의 제 몸이 이상적인 것 같다는 것입니다. 이 객관적인 수치에 체력을 길러야 하니까 제가 늘 하는 '333 웃스막 법칙'을 열심히 하겠습니다. 수십억이 넘는 연봉을 받는 어느 대기업의 임원이 자살을 했습니다. 서민으로서는 이해가 안 되는 일입니다. 평생을 살아도 한 번 만져볼까 말까 하는 돈을 그는 1년에 만지면서 자살을 하다니……. 업무 스트레스가 주원인인 것 같습니다.

그렇다면 스트레스를 없애는 것이 죽음은 물론 만병을 예방하는 길이라는 거지요. 나는 다행스럽게도 종종 '유쾌한 육쾌'를 열심히 낭송합니다. 웃음과 곁들여서 낭송하니 더욱 좋습니다. 스트레스가 확 물러가지요. 거기에다가 웬만하면 가까운 곳은 걸어서 다니기로 했습니다. 날마다 하는 운동도 열심히 하고 있습니다. 또한 앞으로는 과욕도 삼가겠습니다. 무엇보다도 적당한 수면과 휴식을 취하겠습니다. 그렇게 함으로써 나의 건강을 지켜가겠습니다. 건강이 최우선이니까요.

둘째, 가정 분야

세상에서 가장 소중한 둥지는 어디일까요? 그건 가정일 것입니다. 가정이 행복해야 식구들도 행복한 것입니다. 가정의 행복 없이 내가 행복할 수 있을까? 아마 없을 것입니다. 가정의 불행은 곧 나의 불행이요, 가정의 행복은 곧 나의 행복입니다. 가정의 행복을 위해선 어떻게 해야 할까요? 흔히 가정에서는 여섯 소리가 나야 한다고 합니다. 첫째, 웃음소리, 둘째, 노래하는 소리, 셋째, 박수 치는 소리, 넷째, 책 읽는 소리, 다섯째, 포옹하는 소리, 여섯째, 칭찬하는 소리 등은 자주 나면 좋겠지요. 가정의 행복을 위해서 최선을 다해야 하겠습니다.

✎ 나의 경우 :

가정의 행복을 위한 나의 자세는 옳다고 생각을 합니다. 사회생활을 하면서 비교적 가정에 충실한 편이니까요. 커뮤니케이션도 ‘−’에서 ‘+’ 대화를 하려하고, 칭찬과 격려도 잘하는 편입니다. 가정의 식구들도 모두 직장이 있고 비교적 건강한 편입니다. 그러나 집에 있는 시간의 거의 대부분은 업무와 관련된 일을 하는 것이 나의 단점인 것 같습니다. 이것을 조금씩 고쳐나가도록 하겠습니다. 앞에 말한 여섯 종류의 소리가 골고루 날 수 있도록 한 번 도전해보겠습니다.

셋째, 재정 분야

재정은 우리가 살아가는데 없어서는 안 될 중요한 요소입니다. 따라서 재정적으로 아주 부유하진 않다 해도 필요한 일을 할 수 있을 정도의 부는 축적해야 하겠습니다. 그 부를 축적하기 위해선 어떻게 해야 할까요? 자신의 재테크 비법을 발휘해야 합니다. 우리는 과거에 한때

청빈한 것을 은근히 바랐던 때가 있었습니다만 그건 아니겠지요. 이젠 청부가 되어야 합니다. 유태인은 가난은 죄라고 했습니다. 그래서 부자가 되기 위한 유태인만의 재테크 비법도 유명하지요. 돼지 저금통을 그들은 뭐라 했는지 아세요? '돼지 은행' 이라고 한답니다. 은행은 돈이 모이는 곳이지요. 돼지 은행! 참 의미 있는 말입니다.

🖋 나의 경우 :

필자의 재테크 방법은 거의 없는 편이라고 해야 할 것 같습니다. 많이 약합니다. 재테크 전문가들은 대개 포트폴리오를 구성하라고 하지요. 좋다고 생각하는 한 쪽에 너무 치중하지 말고 위험을 분산시키라는 것입니다. 옳은 이야기입니다. 그러나 나는 자신에게 주로 투자하는 편입니다. 자신이 목표에 올인하면서 생활하다보면 돈은 자연적으로 따라온다고 생각을 합니다. 또 그렇게 되어야 할 것입니다. 이 말 저 말에 현혹되어서 잘 못되는 경우를 꽤 보았기 때문입니다. 나의 재정분야 수입은 주로 5강 6주 법칙과 플러스알파가 있습니다. 그것을 충실히 이행하도록 하겠습니다.

넷째, 정신 분야

우리는 계속 성장해야 합니다. 자기 성장을 위해서 필요한 것은 무엇일까요? 명상, 독서, 기도, 학습, 자기수련 등의 활동이 필요할 것입니다. 정신분야의 성장이 모든 것의 근본의 됨으로, 이 분야의 발전을 위해서 최대한 노력을 해야겠습니다. 독서는 얼마나 하는지 자신에게 물어봅시다. 명상은 어떤지? 현대인들은 워낙 바쁘기 때문에 모든 일들이 정신없이 돌아갑니다. 그럴수록 자신을 돌봐야 합니다. 최근에 자살하는 분들이 많은 것 같습니다. 연예인들도 꽤 되고 기업인들도 종종 나오지요. 모 그룹의 회장도 자살을 했고, S 그룹의 유망한 임원도 자살을 해서 세간의 주목을 받기도 했습니다. 연봉이 수십억이 넘는 사람이 자살을 하다니……. 일반 사람들은 이해가 안가기도 하겠지만 자신의 인생관과 가치관의 문제가 아니겠습니까?

✎ **나의 경우 :**

‘정신일도 하사불성(精神 一到 何事不成)’이라는 말이 있지요. 또 ‘수신제가 치국평천하(修身齊家 治國平天下)’라는 말도 있고요. 모두 내 정신 상태가 중요하다는 뜻입니다. ‘정신만 바짝 차리면 호랑이 굴에 들어가서도 살 수 있다’는 말이 있듯이 나의 정신은 참으로 중요합니다. 정신이 육체를 지배하니까요. 따라서 몸의 건강은 마음의 건강에서부터 온다고 해도 과언이 아닐 것입니다. 마음이 몸에 지시를 내리니까요. 마음과 정신은 거의 같은 말로 써도 될 것입니다. 과연 나의 정신 상태는 어떤가? 아직 건전하다고 생각을 합니다. 찌들지 않았습니다. 그러나 명상과 같은 자기를 각성하는 시간이 좀 더 필요한 것 같다는 생각이 듭니다.

다섯째, 인간관계 분야

인간관계 분야의 성공 없이 다른 분야의 성공이 있을 수 있을까요? 없습니다. 그래서 ‘성공의 85%는 인간관계에 있다’라고 하지 않습니까? 인간관계의 성공이 당신의 비즈니스를 성공으로 이끌 것입니다. 네트워크(NQ) 지수를 높이시기 바랍니다. 인간관계는 ‘공명(共鳴)’에 있다 해도 과언이 아닐 것입니다. 악기만 공명하는 것이 아니라 사람도 공명한다는 것입니다. 내가 친절하게 대하면 상대방도 친절하게 대하고, 내가 성의 없이 대하면 상대방도 성의 없이 대할 가능성이 많습니다. 이것이 공명입니다. '가는 말이 고와야 오는 말도 곱다'는 뜻이 되겠습니다.

만일 모든 사람이 좋아하는 사람이 되고 싶다면 늘 긍정적으로 생각하십시오. 그리고 상대의 좋은 점만을 보고 그것을 표현하면 됩니다. 그게 칭찬이지요. 상대의 나쁜 점이나 부정적인 면을 보고 지적하면 영락없는 원수가 됩니다. 주변을 원수로 만들 것이냐, 주변을 동반자로 만들 것이냐는 오늘 나의 한마디에 달려 있다 해도 과언이 아닙니다. 오늘도 친절한 한마디로 주변을 신나게 만드는 사람이 되시기 바랍니다.

📝 나의 경우 :

나의 인간관계 지수는 어떨까? 사람들이 필자를 보고 하는 소리는 무척 친절하고 편안한 느낌이 든다고 말을 합니다. 필자도 그런 사람이 되도록 노력하고 있지요. 그러나 전략적으로 보면 부족한 듯합니다. 주변 사람이 나를 360도 다면평가를 한다면 어떻게 나올까? 우리 집사람은? 우리 아이는? 주변 동료는? 나의 리더십은? 나의 인간미는? 나의 서비스 정신은?

모든 사람은 인정받고 싶고, 칭찬받고 싶어 합니다. 남보다 매력적인 것을 좋아합니다. 종종 어떤 모임에서 상대에게 칭찬을 해주면 그도 나에게 칭찬을 합니다. 칭찬을 잘하고 친절한 사람, 서비스 마인드를 가진 사람이 중요한 사람일 것입니다. 그런 사람이 인간관계가 좋아서 일을 잘 되게 하니까요. 따라서 그런 사람은 리더요, 핵심인재입니다. 핵심인재! 어디에서건 중요한 일명 '키맨'이 되어야겠습니다.

여섯째, 자기계발 분야

자기계발은 자신에 대한 최고의 투자이자 미래를 위한 최소한의 안전판이라고 생각합니다. 자기계발은 자기경영이라고도 할 수 있습니다. 자기를 어떻게 경영하느냐, 자기를 어떻게 계발하느냐는 성공과 직결된 문제입니다. 우리는 모두가 자기경영의 CEO입니다. 자기를 잘 경영해야 하겠습니다. 하루 24시간을 3등분해서 8시간은 자는 시간, 8시간은 회사에서 일하는 시간, 8시간은 자기계발 시간이라고 칭해 봅니다. 주로 내가 활용할 수 있는 시간은 바로 이 시간, 자기계발 시간이지요. 자기계발을 위해서 투자하는 것이 가장 안전한 투자라는 말도 있습니다. 잃어버릴 염려도 없지요. 도둑맞을 염려도 없지요. 이처럼 든든한 자기계발을 잘해서 우리 모두가 자기경영의 대가가 되시기 바랍니다.

✎ 나의 경우 :

나름대로 자기경영의 전문가라고 하지만 연구해야 할 부분이 많은 것 같습니다. 과연 나는 나를 어떻게 경영하면 좋을까. 어떤 인생이 바람직할까. 어떻게 살아야 행복하고 성공할까. 인생에 정답은 없다지만 지름길은 있을지 모릅니다. 그 지름길을 찾아라……. 자기 인생은 자기만의 해법이 있습니다. 그 해법을 찾지 못해 방황하는 이들에게 한마디 한다면 무엇이라 할 수 있을까? '글쎄요……. 삶의 우선순위를 정하라!' 라고 하고 싶습니다. 모든 일에는 순서가 있습니다. 그 순서가 바뀌면 뒤죽박죽이 되지요. 그래서 순서를 정하는 것이 중요하다고 하고 싶습니다. 그러면 거기서부터 인생은 술술 풀려가지 않겠는가라고 생각을 해봅니다.

일곱째, 나눔 분야

우리가 성공적인 인생을 산다면 사회공헌활동을 해야 합니다. 사회공헌이 없다면 자기만을 생각하고 자기만을 위하며 사는 일종의 자기중심 개인주의자라고 해야겠지요? 이웃과 나누고, 사회에 봉사하며 살아야 합니다. 나는 직·간접으로 이 사회의 도움을 받고 있습니다. 사회의 도움 없이는 하루도 살 수 없을지 모릅니다. 따라서 도움을 받는 사회에 공헌하는 것은 당연한 것입니다. 세상은 인과응보입니다. 나에게서 나간 것이 나에게로 돌아옵니다. 많이 주면 많이 돌아오고, 적게 나누면 적게 돌아오는 것입니다. 부자는 많이 나누어서 많이 돌아오는 사람이 아닐까를 생각해 봅니다. 결국 오늘의 나의 결과는 전적으로 나에게 있습니다. 남의 탓이 아니고 내 탓인 것입니다.

🖉 나의 경우 :

부족합니다. 특히 나눔 분야가 부족하다는 느낌이 듭니다. 선진국은 나누고 봉사함으로써 이웃과 사회에 공헌하는 분들이 많다고 합니다. '노블레스 오블리주!' 즉 가진 만큼 베푼다고 합니다. 후진국일수록 공헌도가 약하다는 것이지요. 그렇다면 나도 후진 의식을 갖고 있는 것은 아닐까? 그건 아닐 것입니다. 나도 나름대로 나누고 있지만 현재는 부족하다는 생각이 듭니다. 물질, 정신과 노력 모든 분야에서 골고루 나누도록 해야겠습니다. 나눌수록 풍요로워지는 이치를 터득하도록 합시다.

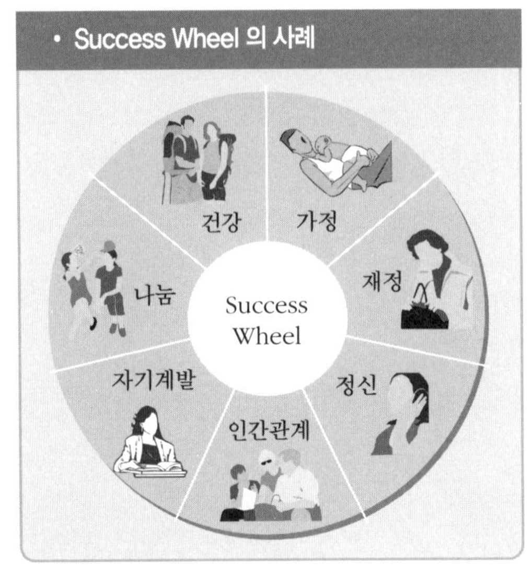

위와 같은 일곱 분야, 즉 건강, 가정, 재정, 정신, 인간관계, 자기계발, 나눔 등 7대 분야의 균형적인 발전이 중요하다는 것이지요. 물론 한 분야에서의 성공도 대단한 일입니다. 그것도 축하해야 할 일입니다. 그러나 가능한 한 일곱 분야에서의 균형 잡힌 성공을 해야 그 성공이 진짜 성공이라는 것입니다. 마치 마차의 바퀴처럼 이 일곱 분야가 둥근 원(Success Wheel)을 그릴 때 이상적인 성공이라는 것이지요.

3장
감동적인 생활

3장
감동적인 생활

필자는 최근 전북 익산의 모 연수원에서 강의를 하고 서울로 올라오는 차 안이었습니다. 기사님에게 물어보니 저녁 8시쯤에 서울에 도착한다고 합니다. 나는 최근 피부 트러블 때문에 며칠에 한 번은 병원엘 갑니다. 오늘은 병원에 가는 날인데 늦어서 어떻게 하지? 서울 터미널에 내려서 병원과 약국에 가려면 빨라야 30분쯤은 걸릴 것 같습니다.

자, 필자의 문제를 해결하는 방법은 무엇일까요?

할 수 없이 병원과 약국에 전화를 하기로 했습니다. 사정하기 위해섭니다. 먼저 약국에 전화를 했습니다. "저 환자 OOO입니다. 지금 지방에서 올라가는 중인데 도착하려면 8시 반쯤 될 것 같습니다. 몇 시에 문 닫습니까?" 하고 물었습니다. 약국에선 뭐라고 대답을 했을까요? 여러분이 약국의 주인이라면 뭐라고 하겠습니까? "안됩니다. 우린 7시나 7시 반쯤에 문을 닫으니까 기다릴 수 없습니다"라고 했습니다. 그러면 인근에 있는 다른 약국을 좀 알려줄 수 없느냐고 물었습니다. 그곳에 전화를 해서 몇 시에 문을 닫는지 알아보기 위해섭니다. 그랬더니 귀찮다는 듯이 손님이 있어서 끊는다고 했습니다. 기분이 떨떠름했지만 어쩔 수 없었습니다.

이번에는 피부과 병원에 전화를 했습니다. 원장님에게 똑같이 말했습니다. "저 환자 ○○○입니다. 원장님, 제가 지방에서 올라가는 중인데 도착하면 8시 반쯤 될 것 같습니다. 좀 기다려주실 수 없겠습니까?" 원장님은 뭐라 했을까요? 여러분이 원장이라면 뭐라 하겠습니까? "아, 그러세요. 기다리죠. 늦어지면 전화를 다시 주십시오." 참으로 기분이 좋았습니다. 통쾌했다고 할까요? 사람은 누구나 피치 못할 사정이 있을 수 있는 것입니다. 모든 개인의 사정을 다 들어줄 수는 없는 일이지만, 가능하면 들어주면 좋겠습니다. 이것이 인간미이고, 일종의 정이 아닐까요? 또한 세일즈이고 리더십이 아닐까요? 우린 그렇게 친절한 곳에서 물건을 사고 싶고 또 그런 사람들을 따릅니다.

약속한 시간인 8시 30분에 정확하게 병원에 도착했습니다. 병원에 도착해서 처방전을 갖고 약국엘 갔습니다. 내가 전화했던 약국은 물론 문을 닫았지만, 다른 약국들은 전부 문이 열려 있는 것이 아닙니까. 저녁 9시가 다 되었는데도 문을 열고 있는 약국들이 그처럼 반가울 수가 없었습니다. 필자는 한 약국에서 약을 사서 가면서 '아하! 이렇게 쉽게 약을 살 수 있는 것을 그렇게 애를 태웠단 말인가?' 약국도 약국 나름입니다. 병원과 동시에 문을 닫는 약국도 있지만 늦게까지 문을 열어 놓는 약국도 있다는 것을 알았습니다. 대로변의 약국들은 대부분 늦게까지 문을 여는 것 같았습니다.

앞으로는 어떤 약국, 어떤 병원이 살아남을까요? 상품을 잘 만드는 일도 중요하지만, 서비스 마인드가 철저한 그러한 곳만이 살아남을 것입니다. 기업도 개인도 같을 것입니다. '누가 더 서비스를 잘 하는가? 누가 더 고객을 만족시킬 것인가?'를 떠나 고객을 감동시켜야 합니다. 어떤 사람은 '고객을 졸도시켜야 한다'고까지 말을 하기도 합니다.

그게 바로 세일즈요, 리더십입니다. 여러분, 어떤 사람에게서 물건을 사고 싶습니까? 어떤 사람을 따르고 싶습니까? 바로 친절하고 나에게 잘해주는 서비스 마인드가 있는 사람을 따르는 것입니다. 또 그런 사람에게서 물건도 사고 싶은 것입니다.

"전화를 해서 좀 기다려줄 수 없습니까?"라고 고객이 부탁했을 때 매정하게 끊는 약국! 그런 약국은 곤란하지 않을까 싶습니다. 더구나 내가 여러 차례 가서 이미 단골이 아닌가? 그런 고객에게 그렇게 매정하게 기다릴 수 없다고 말할 수 있을까? 한편, 생각해볼 것도 없이 "아, 기다리죠"라고 했던 병원 원장님의 친절함에 재삼 고개를 숙이게 됩니다. 약국의 불친절과 병원의 친절함이 오버랩됩니다. 이제 만 하루가 지났지만 어제의 장면들이 머리에 남아 있습니다. 앞으로도 오래 기억될 것 같습니다.

우리 모두 서로서로에게 좀 더 배려하고 좀 더 친절할 수는 없을까요? 친절과 배려, 서비스 마인드가 그리워지는 하룹니다.

| 기회를 잡자 |

지구상에서 가장 힘 센 동물인 공룡이 왜 사라져버렸을까요? 여러 학설들이 있지만 변화에 적응하지 못해서 사라져버린 것으로 보입니다. 공룡은 거대한 몸집을 유지하기 위해선 그에 걸맞은 먹거리를 찾거나 몸집을 줄였어야 했는데도 그와 같은 노력을 하지 않았습니다. 결국 기존에 먹거리가 바닥이 났고, 종국에는 자기들끼리 먹고 먹히는 싸움을 벌이면서 사라져갔던 것입니다.

그에 비하면 조그만 생쥐 한 마리는 수 천년동안의 변화 속에서 적응을 하며 살아가고 있습니다. 강자는 빠른 자도 힘이 있는 자도 아닙니다. 오직 적응하는 자인 것입니다. 변화에 적응하느냐, 못하느냐. 적응하면 살아남고 못하면 죽는 것입니다. 어떻게 보면 간단한 것입니다. 기업이나 조직도 마찬가지입니다. 변화하면 살아남고 변화하지 못하면 죽게 됩니다. 무사안일을 타파해야 합니다. 복지부동을 몰아내야 합니다.

위기 속에서도 기회를 보는 사람이 있는가 하면 절망을 보는 사람이 있습니다. 우리의 시각이 참 중요합니다. 내가 보는 대로 내 삶은 그렇게 결정되어 가는 것입니다. 할 수 있다고 생각을 하면 할 수 있는 것입니다. 할 수 없다고 포기하고 좌절을 하면 우리 몸은 할 수 없는 쪽으로 움직여 갑니다. 우리를 움직이는 주인은 날마다 열렬히 하는 그 생각 자체에 달려있기 때문입니다. 긍정적으로 생각하면 긍정적으로 움직이고, 부정적으로 생각하면 부정적으로 움직이는 것입니다.

어느 산에서 두 사람이 산을 타다가 한 사람이 말했습니다. "저쪽에서 호랑이 소리가 나는 것 같은데……" 하면서 운동화 끈을 단단히 묶었습니다. 그러자 다른 사람이 비웃었습니다. "호랑이가 나타나면 운동화 끈을 묶어봐야 소용이 없을 텐데……." 그러자 그가 다시 말했습니다. "그래, 소용없겠지. 그런데 너보다는 내가 더 빨리 달릴 수 있겠지."

기회는 누구에게 돌아갈까요? 운동화 끈을 묶는 자에게 돌아갈까요, 비웃는 자에게 돌아갈까요? 한번 생각해 보시기 바랍니다.

| 인정하기 |

인정받고자 하는 것은 사람의 기본심리입니다. 기본심리를 자극해주면 변화가 일어납니다. 필자는 결혼 주례를 많이 봅니다. 주례를 볼 때 보면 양가 부모님께 인사드리는 순서가 있지요. 먼저 신부 부모님께 인사를 드립니다. 저는 보통 이렇게 멘트를 합니다.

"어머님, 아버님! 그동안 고생 많이 하셨습니다. 이 순간부로 저희들은 한 쌍의 부부가 되었습니다. 앞으로 열심히 서로 사랑하고 훌륭한 가정 이루어서 부모님의 은혜에 꼭 보답하겠습니다"라고 멘트를 하면서 인사를 하도록 합니다. 그때 어머님, 아버님의 얼굴을 보면 벌써 눈물을 흘리는 경우가 많습니다. 손수건을 꺼내서 닦기도 하고, 천정을 쳐다보기도 하면서 애써 눈물을 참기도 합니다.

왜 눈물을 흘릴까요? 자식새끼 때문에 고생하지 않은 부모 있나요? 다들 고생한다 이 말입니다. 그런데 고생한 것을 공식적으로 인정해 드리니까 눈물을 흘리는 것이라고 생각을 합니다. 그 순간에 자식새끼 키우면서 있었던 여러 일들이 눈앞에 순식간에 펼쳐지면서 눈물을 흘리는 것이 아닌가 하는 생각이 듭니다. 눈물을 흘린다는 것은 무엇을 뜻합니까? 그 말에 공감한다는 것입니다. 공감하면 소통이 되고 교류가 되는 것을 말하지요.

우리의 생활에서도 인정해 주는 것이 필요합니다. 비록 상대가 실적은 미미해도 그것을 지적하지 말고, 그의 장점을 찾아 인정해주면 내면으로부터 변화가 일어납니다. 그래서 요 다음에는 실적을 쌓아 진짜로 인정을 받겠다는 다짐을 하게 됩니다. 그게 진짜 변화가 아닌가 하는 생각이 듭니다.

그렇게 되면 그는 이 다음에는 진짜로 실적을 높여서 인정을 받게 되겠지요. 실적을 쌓는 일이 만만한 일은 아니지만 최선을 다할 겁니다. 따라서 오늘 나의 '인정하는 말 한마디'가 상대를 변화시키는데 중요한 역할을 하는 것입니다. 내 주변에 변화된 사람이 많이 있는 것은 그만큼 내가 인정하는 말을 많이 하고 있다는 것을 반증한다고 하겠습니다. 주변에 변화된 사람들이 많습니까? 좋은 일입니다. 많이 있기를 바랍니다.

반면 실적이 미미한 것을 지적하면서 '질책'을 한다면 어떻게 될까요? 오기로라도 잘 할 수도 있겠지만, 아마 심한 모욕감을 느낄 가능성이 많습니다. 좌절할 수도 있겠지요. 그래서 그곳을 벗어나고픈 생각이 들 수도 있을 것입니다. 물론 사람에 따라 받아들이는 강도가 다르겠지만 대부분은 당장 그만두고 싶은 생각이 들 것입니다.

부인이나 남편이 뭔가를 잘못했을 때 우리는 질책하는 경우가 많지요. 예를 들면 부인이 밥을 무척 질게 했다고 합시다. "아이고, 이걸 밥이라고 한 거야. 죽이라고 한 거야!"라고 하는 대신 "와, 이 밥 좀 봐! 씹지 않아도 술술 잘 넘어가겠네. 씹는 수고를 안 해도 되겠잖아"라고 코믹하게 표현을 해주면 기분 나쁜 상황은 기분 좋은 상황으로 바뀝니다. 긍정적으로 표현해주는 것이 필요하지요. 부인은 기분이 그렇게 나쁘지 않으면서도, 다음에는 밥을 맛있게 해야겠다는 생각이 들지 않겠습니까?

잘못한 것은 본인이 더 잘 압니다. 그때 살짝 그분의 좋은 점을 찾아서 칭찬이나 인정을 하면 달라진다는 거지요. 코믹한 표현도 분위기를 좋게 하는 효과가 있기 때문에 인정하는 효과와 같다고 합니다. 인정해주면 변화됩니다. 인정받고자 하는 것은 사람의 기본심리이기 때문입니다. 그 기본을 충족시켜주시기 바랍니다. 그 기본을 자극하시기 바랍니다. 그러면 기분 좋은 변화는 일어납니다.

우리가 기분 좋을 때 나오는 호르몬이 엔도르핀입니다. 그런데 엔도르핀보다 무려 4천배나 막강한 다이돌핀이라는 호르몬이 있다고 합니다. 이 다이돌핀은 암세포를 죽인다고 합니다. 그러면 암세포를 죽이는 다이돌핀은 언제 나오느냐 하면 주로 감동을 받을 때 나온다는 것입니다. 따라서 감동적인 생활을 할 수 있다면 암이 없는 세상, 그야말로 건강한 생활, 행복한 생활이 되지 않을까 하는 생각이 듭니다.

감동은 인간이 느낄 수 있는 최고의 '기쁨'이며 '울림'이라고 생각을 합니다. 감동만 줄 수 있다면 우린 어떤 일도 해낼 수 있을 것입니다. 우리 임직원들에게 감동을 주고, 고객들에게 감동만 줄 수 있다면 지금의 위기, 지금의 불황 타개도 가능하지 않겠느냐 생각해 봅니다.

따라서 호·불황을 탓하지 말고 감동 유무를 탓해야 되지 않을까 생각합니다. 감동은 대부분의 경우 기쁨으로 다가오지만, 때로는 눈물로 다가오기도 합니다. 또 때로는 말로 표현하기 어려운 복받치는 감정으로 다가오기도 합니다.

필자의 후배 강사가 어떤 메일 하나를 받았는데 그 내용이 너무 감동적이어서 그 글을 읽으면서 실컷 울었다고 합니다. 감동해서 울 때는 다이돌핀이 나와서 암세포가 전부 죽지 않았을까 하는 생각이 듭니다.

저 중국에서 있었던 일입니다. 개 한 마리가 노상에서 차에 치어죽었습니다. 그러자 동료 개가 달려와서 앞발로 어루만지며, 안타까운 표정으로 말을 하는 듯합니다. "야, 왜 여기 누웠어? 일어나. 일어나라고." 그러나 죽은 개는 반응이 있을 리 없습니다. 사람들이 죽은 개를 치우려고 접근하려고 하면 으르렁대면서 사나운 표정으로 짖어댑니다.

요새 개보다 못한 인간도 많은 시대라고 하지요. 사람을 죽여 놓고 그것을 은폐하려 매장을 하기도 하고 화장을 하기도 합니다. 사람을 죽음에 이르도록 하는 각종 사기행위가 성행합니다. 이 죽은 개는 살아있는 개의 애인인지도 모릅니다. "내 애인을 죽여 놓고 이럴 수 있어! 개보다 못한 인간들 하고는!" 이라고 절규하는 듯합니다. 이 개의 심정을 어느 정도 이해할 듯도 합니다.

감동을 사전적으로는 보면 '깊이 느끼어 마음의 움직임' 이라고 되어 있습니다. 깊이 느껴 마음이 움직이는 것 자체가 변화를 뜻합니다. 마음이 움직이는 변화가 아니면 그 변화는 헛것입니다. 겉으로의 변화는 아무런 의미가 없습니다. 마음이 동반된 변화, 그것이 진짜 변화이기 때문입니다.

감동과 감탄과 감격은 3형제입니다. 3형제의 특징이 무엇인지 아십니까? 첫째가 가슴이 넓다는 것입니다. 둘째는 가슴이 뜨겁다는 것입니다. 셋째는 가슴이 아름답다는 것입니다. 여러분, 가슴이 넓고, 뜨겁고, 아름답습니까? 그러면 여러분은 감동할 조건을 갖추었습니다. 감동은 그런 가슴을 가진 사람에게서 나오는 것이 아닌가 합니다. 메마른 가슴의 소유자에게선 나오기가 어렵다는 거지요. 여러분 모두 넓은 가슴,

뜨거운 가슴, 아름다운 가슴을 가진 분들이 되시길 소망합니다.

| 우리가 꼭 해야 할 말 |

우리가 해야 할 말과 해서는 안 될 말이 있습니다. 내가 무심코 던진 한마디 말 때문에 상대방은 행복해지기도 하고 큰 화를 입기도 합니다. 우리 모두가 써야 할 말 중에 '베스트 5'를 나름대로 정리해 보았습니다.

- "사랑합니다"라는 한마디 말이 가슴을 설레게 합니다.
- "영광입니다"라는 한마디 말이 가슴을 뿌듯하게 합니다.
- "감사합니다"라는 한마디 말이 가슴을 벅차게 합니다.
- "행복합니다"라는 한마디 말이 가슴을 따뜻하게 합니다.
- "축하합니다"라는 한마디 말이 가슴을 뭉클하게 합니다.

"사랑합니다!"는 참 좋은 표현입니다. 이보다 더 좋은 표현이 있습니까? 114에 전화를 하면 "고객님, 사랑합니다"라면서 전화를 받지요. 그 말을 들으면 기분이 좋습니다. 내가 모르는 누군가로부터 "사랑합니다"라는 말을 들으면 왠지 가슴이 설레게 됩니다. 그러면 얼떨결에 나도 "사랑합니다"라며 응대를 하게 됩니다. 안내원이 이런 멘트를 하게 된 것이 언제부터인지는 몰라도 참 괜찮은 표현이라고 생각을 합니다. 우리는 결국 자주 하는 말대로 마음이 가고, 행동을 하게 되어 있습니다. 그래서 말이 중요합니다.

그들은(전화 안내원) 비록 유선상이지만 전화를 하는 모든 사람들을 사랑하는 마음으로 대하고 있습니다. 그러면 고객감동은 자연스럽게 오지 않을까요. 사랑하는 마음으로 고객을 대하는데 감동적인 장면들이 연출되지 않겠습니까. 우리가 생존하기 위해서는 이제 고객감동은 필수입니다. 많은 리더들이 '어떻게 하면 고객을 감동시킬 수 있을까'를 연구하고 있습니다. "사랑합니다!"라는 말 한마디가 고객감동의 시작이며 또한 전부가 아닐까를 생각해 봅니다.

내가 오늘 만나는 사람만이라도 사랑할 수는 없을까를 생각해 봅니다. 내 마음이 전달이 된다면 그분들도 나를 사랑하지 않겠습니까. 결국 모든 사람들이 사랑하는 마음으로 서로를 대한다면 정말 좋겠지요. 서양 사람들은 서로 모르는 지간이라도 아는 사람처럼 "하이!" 하고 지나갑니다. 사랑한다는 뜻이 들어있지 않겠습니까? 좋은 습관, 좋은 문화를 가지고 있다고 생각을 합니다. 그래서 필자도 모든 사람에게는 못해도 하루 열 사람에게는 "사랑합니다!"는 말을 해야겠습니다. 어제는 일요일이라 주례를 네 차례 보면서 오버해서 한 것 같습니다. 아마 일일이 세어 보았다면 수십 번은 되지 않겠나 하는 생각이 됩니다. 여러분! 사랑합니다.

"영광입니다!"는 제가 잘 쓰는 표현 중의 하나입니다. 누가 전화를 해서 조금이라도 나에게 호의를 베풀면 "영광입니다" 하고 답변을 합니다. 정말 영광이지요. 하고 많은 사람 중에 나한테 전화를 해준 것도 영광이고, 어떤 정보를 준다면 그것도 영광이고 또 어떤 기회를 준다면 더욱 영광이 아니겠습니까.

따지고 보면 내가 지금 일을 하고 있는 것도 영광이고, 강의를 하는 것도 영광된 일입니다. 글을 쓸 수 있는 것도 영광입니다. 몸이 건강한 것은 더욱 큰 영광입니다. 한국에 태어난 것도 영광이고, 지금까지 살아가는 것도 영광된 일입니다. 우리는 어떤 수상을 하면 "이 영광을 부모님에게 또는 누구누구에게 돌린다"는 말을 합니다. 참으로 겸손하고 아름다운 표현입니다. 누구의 덕분에 이런 상을 받게 되었다는 것이지요.

우리는 평소에도 영광된 일이 많았으면 좋겠습니다. 그러려면 "영광입니다"라는 표현을 자주 해주면 되지 않겠나 하고 생각해 봅니다. 결국 어떤 의미에서는 말대로 되어가는 것이 세상이기 때문입니다. 그래서 우리 주변을 영광된 일로 가득 채워갔으면 합니다.

"감사합니다!" 이 말도 제가 참 좋아하는 말입니다. 경전에 보면 "범사에 감사하라"는 말이 있지요. 모든 일에 감사하면 세상의 어떤 일도 슬퍼하거나 좌절할 일이 없습니다. 우리의 시각을 바꿔야 합니다. 불평에서 감사로, 낙담에서 희망으로, 좌절에서 용기로 바꾸기만 하면 그 순간 모든 것은 삶의 희열로 변하게 됩니다.

오늘이 있음에 감사하고, 내일을 내다보며 노력할 수 있음에 감사하십시오. 말을 할 수 있음에 감사하고, 들을 수 있음에 감사하십시오. 오늘 하루 세 끼 먹을 수 있음에 감사하고, 잠잘 곳이 있음에 감사하십시오. 신선한 공기가 있음에 감사하고, 푸르른 초원이 있음에 감사하십시오. 핸드폰이 있음에 감사하고, 컴퓨터가 있음에 감사하십시오. 부모가 있음에 감사하고, 아내나 남편이 있음에 감사하십시오. 자녀가 있음에 감사하십시오. 내 몸의 건강함에 감사하십시오. 다리 하나라도 붙어 있음에 감사하십시오. 감사하면 감사할 일들이 저절로 생겨갑니다. 당신으로 인하여 감사한 일들이 주변에 속속 생겨나기를 바랍니다.

당신 덕분에 "행복합니다!"라는 말을 들으면 기분이 어떨까요? 좋지요. 우리 인생의 사는 목적이 무엇입니까? 행복입니다. 피땀 흘려 노력하는 이유가 어디에 있습니까? 다 행복을 위해서지요. 행복은 어디서 오는 것일까요? 그 대부분은 내 마음속에 있을 것입니다. 마음의 평안 상태가 행복일 것입니다. 돈이 있으면 행복할까요? 한국에 돈이 가장 많은 OOO 씨! 행복할까요? 아마 행복하지 않을 것입니다. 그렇다면 행복은 누구의 것일까요? 행복을 선언하는 자의 것이라고 이야기를 하고 싶습니다. 오늘 행복을 선언하십시오.

"나는 오늘 있는 그대로 행복합니다. 내일은 조금만 더 가짐으로써 조금 더 행복해질 것입니다. 따라서 오늘 주어진 여건에 대하여, 내일 조금 더 가질 수 있음에 대하여 나 OOO은 행복을 선언합니다." 보다 구체적인 것은 직접 종이에 적어보시기 바랍니다.

예를 들면 현재의 상태는 ① 건강하다면 10점, 불만이면 5점 ② 집이 있다면 10점, 없다면 5점 ③ 가족이 행복하다면 10점, 불만족이면 5점 ④ 직업에 보람을 느끼고 있다면 10점, 스트레스가 많다면 5점 ⑤ 자기 계발을 잘하고 있다면 10점, 아니면 5점 ⑥ 노후설계를 잘 하고 있다면 10점, 아니면 5점 ⑦ 잘 웃는다면 10점, 아니면 5점 ⑧ 명상과 자기성찰을 잘하고 있다면 10점, 아니면 5점 ⑨ 인간관계가 만족하면 10점, 아니면 5점 ⑩ 현찰이 천만 원 이상이면 10점, 아니면 5점, ⑪ 나로 인하여 누군가 행복해진다면 10점, 아니면 5점 ⑫ 정기적으로 봉사를 한다면 10점, 아니면 5점으로서, 현재 상태가 모두 양호하면 120점이 만점이고, 양호하지 않으면 60점입니다. 당신은 60점에서 120점 사이에 어디쯤에 있습니까? 당신의 행복도는 몇 점입니까?

당신의 행복도가 120점이 나왔다 하더라도 어딘가 허전한 느낌이 든다면 그것은 사회적인 분위기 때문일 것입니다. 내가 아무리 행복할 조건을 갖추었다 하더라도 내가 속한 사회가 행복하지 못하다면 나 혼자 행복할 수는 없지 않겠습니까. 그건 마치 둥근 원 속에 내가 있고 남들도 있다면, 그 원의 안이 오염되어 있는 경우에는, 그 원 속에 있는 집단은 누구나 똑 같이 오염이 될 것입니다. 원 속의 오염이 되어 있다면 행복할 수 있을까요?

그러면 우리나라 국가 전체의 행복도는 어떻게 될까요? 세계 가치조사(World Values Survey)에 따르면 조사대상 92개 국가 중에 주관적인 행복감은 60위에 불과하다는 이야기가 있습니다. 한국보다 부유한 선진국 가운데 한국보다 불행한 나라는 하나도 없다는 것입니다.

불행한 원인은 무엇일까요? 낮은 도덕성에 있다는 이야기가 있습니다. 세계 10위권을 자랑하는 IT, BT 등의 분야에 비해, 40위의 투명성 지수는 낮은 도덕성을 뒷받침 하고 있습니다. 투명성은 깨끗한 정도를 말하고, 도덕성이 낮다고 하는 것은 나 때문에 남들이 피해를 보는 것을 뜻합니다. 다른 말로 하면 배려하는 마음과 서비스 정신이 부족한 것이지요.

따라서 우리 사회가 행복해지기 위해서는 서비스 정신과 배려하는 마음을 조금 더 발휘해야 하겠습니다. 투명성도 높여야 하겠습니다. 앞에서 언급한 행복을 위한 12가지 항목도 조금 더 보완함으로써 미래는 그만큼 더 행복해지기를 기원합니다. 무엇보다도 중요한 것은 내가 행복해지려면 행복을 움켜쥐는 것이 아니라 그 행복을 누군가에게 나누어 주어야 합니다. 세상은 준만큼 돌아옵니다. 인과응보입니다. 오늘도 당신 덕분에 누군가 행복한 사람들이 많이 있기를 소망합니다.

"축하합니다!" 어떤 좋은 일이 있을 때 우리는 축하를 합니다. 결혼식이라든지, 생일이라든지, 어떤 기념식 같은 일들이 있을 때 우리는 축하를 합니다. 말로 축하를 하기도 하고 글로 축하를 하기도 합니다. 어떤 물질로 축하를 하기도 합니다. 축하를 받으면 기분이 좋습니다. 따라서 축하할 일이 많을수록 좋겠지요. 그러나 자금이 들어가는 축하는 부담이 되기도 합니다. 부담이 안 되는 범위 내에서 좋은 일들은 계속 만들어 내야 합니다. 해마다 연초가 되면 새해 인사를 합니다. "새해에는 더욱 건강하시고 행복하시기 바랍니다", "뜻하는 모든 일들이 성취되시길 소망합니다" 등의 덕담을 나눕니다.

이와 같은 덕담도 축하입니다. 우리는 일상적으로 축하할 일들이 참 많았으면 좋겠습니다. 축하할 일이 많다는 것은 우리가 하는 일들이 잘 진행됨을 뜻하지 않겠습니까. 오늘도 누군가에게 당신의 진심이 담긴

축하의 메시지를 전하십시오. "축하합니다!"라는 당신의 말이 새 생명
이 탄생하듯 관계된 모든 분들을 기쁘게 할 것입니다. 가슴 뭉클하게
할 것입니다.

우리가 사용해야 할 말을 다시 한 번 정리를 하면, "사랑합니다!",
"영광입니다!", "감사합니다!", "행복합니다!", "축하합니다!" 이런 말
들을 많이 해서 우리 주변을 활기차게 했으면 좋겠습니다.

| 공감적 경청의 자세 |

대화를 나누다 보면 본래의 의도와는 달리 다투거나 기분이 안 좋은
경우가 있습니다. 상사와 부하 간에 그렇고, 부부간에 그렇고, 동료 간
에도 다투는 경우가 종종 있습니다. 또 부모와 자녀 간에도 대화가 잘
안 되는 경우가 많습니다. 왜 그럴까요? 그 이유를 생각해 보겠습니다.

첫째, 서로 다른 존재임을 인식하라는 것입니다. 부부간에도 일심동
체라 하지만 서로 다른 인격체입니다. 존중해야 할 대상입니다. 부모자
식 간에도 마찬가지입니다. 부모세대와 자식세대는 세대가 다른 만큼
대부분 대화가 안 된다고 말을 합니다. 당연하지요. 다른 존재임으로
생각도 다르고 행동도 다를 수 있음을 전제해야 합니다. 더구나 상사와
부하 또는 동료 간은 더욱 다를 수 있겠지요. 의견이 다를 수 있고, 어
떤 사물에 대한 견해가 다를 수 있습니다.

남녀 간 또는 부부지간의 차이는 '화성에서 온 남자와 금성에서 온 여자'라는 말이 있듯이, 뇌구조부터 다르다고 합니다. 그들의 사용하는 어휘도 다르다는 거지요. 남자는 하루에 약 1만 단어를 사용하고, 여자는 2만 5천 단어의 언어를 소화한다는 것입니다. 그러니 여자는 계속 짬만 나면 입을 놀리려하고, 남자는 입을 다물려한다는 것입니다.

다름은 '다르다'는 것일 뿐 '틀리다'는 것이 아닙니다. 사실 다르다는 데서 서로간의 '차별화'도 가능해지는 것입니다. 그 차별화가 생명력입니다. 따라서 의견이 다르다는 것은 차별화가 될 수 있다는 것이지요. 다름은 '생존전략' 차원에서 귀한 자원이 될 수 있습니다. 그 자원을 미워할 것이 아니라 존중해 주어야 합니다.

둘째, 상대의 말을 잘 들어주고 피드백을 해야 합니다. 사람이 입은 하나이고 귀가 둘인 이유는 듣는 것이 중요하다는 것을 뜻하지 않겠습니까. 잘 들어주는 것을 경청이라 하지요. 필자도 비교적 잘 듣는 편이라 생각을 합니다만, 언젠가 다음과 같은 실수를 저지르고 말았습니다.

언젠가 필자 후배가 전화를 했습니다. "선배님! 언제 식사나 한번 하시죠." 내 말은 "좋지요. 언제쯤 할까요?" "괜찮으시다면 오늘 하지요." "마침 약속도 없는데 그럽시다." 그러자 그 후배가 "적당한 장소를 알아보고 전화를 드리겠습니다"라며 전화를 끊었습니다. 그리고는 얼마 후에 다시 전화가 왔습니다. "선배님, 교보문고면 어떻겠습니까? 거기서 만나서 제가 좋은 장소로 모시겠습니다." 교보문고면 좀 먼 듯 했지만 쾌히 승낙을 하고 서둘러서 교보문고로 향했습니다. 헌데 교보문고의 약속된 장소에 후배가 없었습니다. 전화를 해서 "여기 종로 교보문고에 와있는데 어디에 있는 거지요?"라고 묻자, 전화에서 하는 소리, "아이고 선배님, 제가 실수를 했습니다. 여기는 종로가 아니고 강남 교보문고입니다."

아니 이럴 수가요! 내가 이렇게 허술한 사람인가? 왜 내가 그것을 물어보질 못했을까. 교보문고 본점인지, 강남점인지를 물어봐야 할 것 아닌가. 나도 묻지를 않았고, 그 후배도 말하지를 않았습니다. 실수를 하려니 별일이 다 일어나네요. 덕분에 우리는 서로 다음의 약속 때문에 그날의 점심 약속은 없는 것으로 하고 각자가 해결을 하였습니다.

이 실수담이 뜻하는 바는 무엇일까요? 미소를 띠우는 것도 중요하고, 메모를 하는 것도 중요하고, 맞장구치는 것도 중요합니다. 그러나 이 경우에는 피드백이 참 중요하다는 것을 느끼게 됩니다. "교보문고요? 본점인가요? 강남점인가요? 아니면 잠실점인가요?" 그것을 생략함으로써 빚어지는 오해와 불편 그리고 시간의 낭비는 당연한 것이지요.

여러분, 여러분은 이와 같은 실수를 안 하는 분들이 되시길 소망합니다. 그러기 위해선 상대의 말끝에 장소가 나오면 "몇 시에, ~말씀이지요?" 하고 확인을 하는 과정이 필요합니다.

셋째, 명령하고 지시하는 대화에서 의뢰하고 부탁하는 대화법이 되어야 한다는 것입니다. '아' 다르고 '어' 다르다는 말이 있듯이 내가 어떻게 표현하느냐에 따라 상대의 반응이 달라질 수 있습니다. 제 아무리 좋은 말도 명령조의 말에는 거부감을 느끼게 됩니다. "어이, 이리와 봐!" "어이라니 왜 반말하세요?" 나이가 지긋한 분이 아들 같은 젊은이들을 불렀는데 젊은이들이 반항을 하려합니다. 말조심해야 합니다. 나이는 일단 접고 상대가 누가 됐건 부드러운 말로 존중해 주고 배려해 주면 상대도 마음을 열지 않을까요?

또한 직장에서의 상사와 부하의 대화도 매우 중요합니다. 많은 신입 사원들이 입사를 해서 2~3년도 되기 전에 주로 직장 상사 때문에 직장을 옮긴다고 합니다. 직장에서 가장 흔히 부딪치는 문제 중 하나는 상사의 권위주의적인 태도와 부하의 상사에 대한 불손한 태도일 것입니다. 직장에서 상사나 부하는 먼저 입사했다는 것과 나중에 입사했다는 것의 차이점만 있을 뿐, 인격적으로는 대등한 관계입니다. 상사는 가능한 한 부하의 의견을 존중하며 인격적인 모욕을 삼가야 합니다. 그리고 부하는 위아래의 질서가 있음을 명심하고 최대한 예의를 갖춰 상사를 대해야 합니다.

직장의 동료는 공동의 목표를 위해 일을 하는 동반자이며 협조자이므로 서로 의견을 교환하고 소통해야 합니다. 가까운 동료라고 해서 함부로 대해서는 안 됩니다. 그건 마치 부부관계라 해서 더욱 조심해야 하듯, 동료 간에는 서로 기본 예의를 지켜야 합니다. 동료가 실수했을 때 불평하기보다는 일을 제대로 마칠 수 있도록 도와주고 협력해 주는 자세가 필요합니다. 오늘 나의 말 한마디가 어떠냐에 따라 내 주변의 분위기는 물론 어떤 일의 성패를 결정한다고 해도 과언이 아닐 것입니다. 반드시 명령조보다는 의뢰조의 대화를 함으로써 거부감이 없도록 해야겠습니다.

넷째, 적절히 맞장구를 치면서 들어주자는 겁니다. 맞장구는 참 중요합니다. 맞장구만 쳐주면 상대는 신바람이 나서 있는 얘기 없는 얘기 다 늘어놓을 것입니다. 그러면 그도 후련해서 좋고, 듣는 우리도 여러 정보를 얻을 수 있으니 좋지 않겠습니까. 맞장구치는 요령에는 여러 가지가 있겠지요. 메모를 하거나, 손뼉을 치거나, 웃어 주거나, 몸을 앞으로 숙이거나, 때로는 함성을 지르는 것도 필요합니다. 가장 좋은 맞장구 중의 하나는 상대의 말끝에 "아하, 그랬구나! 나도 그랬는데!~" 하고 공감해 주는 말이 아닐까 합니다. 그러면 상대는 그 말에 힘이 날 것입니다.

그런데 아무 반응을 보이지 않고 가만히 있는 경우도 예상해 볼 수 있습니다. 가령 여러분이 팔짱을 떡 끼고 어금니를 깨문 채 "당신이 무슨 소리를 하나 보자!" 하고 꿈쩍도 안하고 가만히 있어 보십시오. 앞에 있는 사람이 무슨 말을 할 수 있을까요. 아마 말을 못할 것입니다. 아무 반응이 없는데 무슨 말을 합니까?

여기 어느 강사 이야기를 잠깐 하렵니다. 크리스천인 김○○ 강사가 강의를 하는데 스님이 와서 듣고는 자기에게 강의 요청을 하더라는 것입니다. "우리 불자들에게 선생님의 강의를 들려주고 싶습니다"라면서요. 우선 지나는 길에 한번 들러달라고 해서 들렀더니 점심을 대접하더랍니다. 점심을 먹으면서 그 스님이 기도를 하는데 "오늘 이 음식은 하늘의 태양과 땅의 기운을 받아서 농부들의 피땀 어린 손길과 유통과정을 통해 우리 입에까지 오게 된 것을 감사드립니다." 그리고는 크리스 천인 ○○○ 강사를 의식하면서 "아멘!"이라고 하더랍니다.

이것이 진짜 상대를 배려하는 마음이 아닐까요. 스님은 관세음보살 이 입에 습관이 되어 있을 텐데, 그 습관화되어 있는 것을 하지 않고 상 대방의 입장을 생각해서 "아멘!"이라고 하다니요. 대단한 일종의 서비 스 마인드인 것입니다. 그냥 '관세음보살'이라고 해도 그 강사는 아무 렇지도 않았을 것입니다. 왜냐면 '절'이니까요. 늘 그렇게 하는 곳이니 까요. 만일 당신이라면 어떻게 하시겠습니까. 이 행위가 바로 전도요, 포교라고 생각해 봅니다. 말이 필요 없는 것입니다. 그분이 솔선수범하 는 것을 보면 그냥 따르고 싶은 생각이 들지 않습니까? 강사는 감동을 받았다고 합니다.

결국 사람 사는 사회에서 서로 소통하며 재미있게 사는 방법은 무엇 일까요. 서로 배려하는 속에서 교류하는 세상이 아닐까요. 교류는 서로 공감하고 호응해 줄 때 신바람이 날 것입니다. 신바람은 대화를 잘 되 게 하고 대화가 잘 되면 모든 일이 원만하게 풀려갈 것입니다.

공감적 경청은 이외에도 여러 가지 방법을 생각해 볼 수 있겠으나 여 기서는 '첫째, 서로 다름을 인식합시다, 둘째, 피드백을 합시다, 셋째, 의뢰조의 대화를 합시다, 넷째, 맞장구를 쳐줍시다'라는 내용을 생각해 보았습니다.

어느 날 모 부부가 모처럼 외출을 했다가 초저녁에 돌아옵니다. 그날은 마침 보름날이어서 초저녁인데도 불구하고 달빛이 밝습니다. 휘영청 밝은 달빛의 유혹을 받아서 이 부부는 어느새 강변을 거닙니다. 부부가 강변을 거닐며 오순도순 이야기를 나누어야 할 텐데 서로 이야기가 없습니다. 한참 걸어도 말이 없자 부인이 먼저 적막을 깨는 한마디를 던집니다.

"여보, 달이 참 밝지요!" 그런데도 남자가 아무런 대꾸도 안합니다. 그래서 부인은 좀 무안하기도 하고 기분도 별로고 해서 잠시 후에 다시 말합니다.

톤을 좀 높여서 "여봉! 달이 참 밝지요." 그러자 남자가 그제야 대꾸를 합니다. 말을 함부로 막 하는 사람인 것 같아요. "야! 이 등신아, 보름달 아이가. 보름달!"이라고 했다는 우스갯소리가 있습니다. 여러분은 이렇게 응대를 안 하시죠? "누가 등신인지 모르겠네. 정말……." 이건 적절한 응대가 아니지요. 이런 응대화법은 없는 것입니다.

사실 대한민국의 남성들은 무뚝뚝한 편인 것 같습니다. 저 어느 동네는 내려갔더니 남편이 퇴근하면 세 마디만 한다면서요. "아는? 밥도! 자자!" 그런데 요새는 한마디가 더 늘었답니다. "자자!" 하고 나서 한참 후에 "좋나?"라는 말이랍니다.

한국의 남성들은 왜 이렇게 무뚝뚝한가 생각해 보았더니 '말을 안 해도 알아 달라' 이 말인 것 같습니다. '내가 당신 사랑하는 거 알잖아', '내가 당신 좋아하는 거 알잖아', '당신 없으면 못사는 거 알잖아', '그 걸 말로 해야 알겠어?' 라고 말을 하고 싶을 겁니다. 아니 말로 해야 알지. 말을 안 하면 어떻게 알아요. 입은 뒀다가 뭐하란 입입니까? 밥만 처먹고 술만 먹으란 입입니까. 물론 그런 기능도 중요하지만 표현하는 기능은 더 중요하다는 거지요.

표현하며 삽시다. 어떻게 표현할까요? 부부지간에 가장 좋은 말은 "여보, 사랑해!", "여보, 고마워!", "여보, 다 당신 덕분이야!"라고 말을 하면 얼마나 좋을까요. 부부지간 응대도 부인이 예를 들어서 "달이 밝지요?" 하면 남편은 "아, 당신 닮아서 밝은 거야. 당신 얼굴이 저 달처럼 훤하잖아"라고 한다면 훨씬 좋겠지요.

조금만 오버해서 표현합시다. 평소보다 약간만 오버하고 긍정적으로 표현해 주고, 맞장구를 쳐주면 모두가 좋아합니다. 순이 엄마도 좋아하고, 철이 아빠도 좋아하고, 201호도 좋아하고, 507호도 좋아합니다. 모든 사람이 좋아한다는 거지요. 그러면 우리의 대인관계가 훨씬 부드러워지지 않을까 생각을 합니다. 감동적인 장면도 종종 연출될 것입니다.

| 수억을 번 문구 |

최근 모 유망 중소기업에 강의를 갔다가 감동받은 사연이 있어 소개하고자 합니다.

강사가 5분 후쯤에 도착한다니까 현관 밖에 나와 이 강사를 맞아준 임원진의 밝은 모습에 감사를 느끼며 안으로 들어서는데, 잘 보이는 곳에 '환영합니다. 강용일 강사님!' 이라는 문구가 선명하게 나를 맞아줍니다. 가끔은 이와 비슷한 문구를 대하지만 주변의 밝은 분위기와 함께 나의 기분을 더욱 좋게 해줍니다.

사장실로 안내되어 차 한 잔을 마시며 "열렬히 환영해주서서 감사합니다. 임원진의 영접도 고마웠지만, 환영 안내판의 글귀도 참 인상적입니다"라고 필자의 기분을 그대로 전하자, 사장님이 환영 안내판에 얽힌 스토리를 전해줍니다.

"나는 사업을 한지 30여 년이 됐습니다. 최근에 사업을 시작한지 처음으로 세무조사를 받았지요. 세무조사관이 온다는 이야기를 듣고 사무실 입구에 이름은 모르니까 그냥 '세무조사관님, 환영합니다' 라는 환영 문구를 붙여놓았지요." 그래서 필자는 "아니 어떻게 그런 생각을 다 하셨습니까. 사장님의 대인관계 지수, 즉 NQ(Network Quotient)지수는 대단히 높습니다"라고 칭찬을 했지요. 칭찬은 가능하면 즉석에서 하면 좋습니다. 모아 뒀다가 나중에 적절한 타임에 해야지 하면 거의 기회가 없는 경우가 많기 때문입니다.

칭찬을 하면 듣는 사람도 기분이 좋고, 듣는 사람이 기분이 좋은 것을 느끼면 칭찬을 하는 이쪽도 기분이 좋지요.

왜 NQ지수가 높으냐 하면 강사야 강의하러 가니까 으레 환영해 줄 것으로 생각이 되지만, 세무조사를 하러 가는 분에게도 환영한다는 이야기를 한다는 것은, 사실은 대단히 어려운 일입니다. 나를 조사하러 온다는 그 사람을 환영하다니……. 기업의 입장에서 세무조사를 받는 것은 무척 껄끄러운 일입니다. 작살이 날 수도 있습니다. 이를 잡듯이 뒤지니까요.

그래서 그 회사의 임직원이면 아마 세무조사관을 미워할는지 모릅니다. 그럼에도 불구하고 세무조사를 하러 오는 분에게 '환영한다' 는 말을 했다니, 가히 인간관계가 통달한 분이라는 생각이 듭니다. 그래서 그 다음 말이 궁금할 수밖에 없었습니다. 그래서 물어보았지요. "세무조사관이 그 문구를 보고 뭐라 하던가요?"

세무조사관이 이런 말을 하더군요. 오랫동안 세무조사를 다녀보았지만 세무조사관을 환영한다는 문구를 붙여놓고 자기를 환영해 준 데는 딱 한 군데밖에 없다는 겁니다. "그곳이 바로 여기입니다. 감동을 먹었습니다"라고 말을 하더군요. 여러분, 감동을 받으면 반드시 보답을 한다는 걸 아시지요? 지금 보답하든, 여건이 안 되면 나중에라도 꼭 한다고 합니다. 그래서 감동받은 세무조사관은 어떻게 보답을 했을까요?

네, 이렇게 보답을 합니다. "예정추징세액의 절반(1/2) 정도만 추징하도록 하겠습니다." "와! 사장님, 대단한 일입니다. 돈 버셨네요. 그러면 예정추징세액이 얼마입니까?" 라고 물었습니다. 그러자 사장님은 구체적인 액수를 말하는 대신에 이렇게 대답합니다.

"요 주변에 우리 회사와 업종과 사이즈가 비슷한 업체가 있는데 그 회사도 세무조사를 받았습니다. 우리 회사보다 먼저 받았습니다. 그 회사가 추징세액이 나오는 걸 보면 우리 회사도 대충 감이 잡힙니다. 비슷하게 나올 거라는 이야기지요. 그러면 그 회사가 얼마가 나왔느냐 하면 십 몇 억 원 정도가 나왔다는 겁니다. 미루어서 볼 때 우리 회사도 정상적으로 나오면 그 회사 정도는 나온다는 것이지요."

자, 그러면 추징세액의 절반 정도만 추징하기로 했으니까 최소 10억 원만 나왔다 하더라도 10억의 1/2이면 5억입니다. 이 사장님은 '환영합니다. 세무조사관님!' 이라는 문구 하나로 최소 5억을 세이브했다 이겁니다. 5억이 옆집 강아지 이름인가요? 더구나 이 불황에. 중소기업에 수억 원이면 적지 않은 돈입니다.

이 내용을 일반 강의 중에 소개했더니 농담 삼아 이렇게 이야기하는 사람도 있었습니다. 그 세무조사관을 고발해야 한다고 말입니다. 왜냐면 나온 대로 추징하지 않고 절반만 추징했으니 말입니다. 이건 비리라는 거지요. 그 말도 일견 이해가 되긴 하지만, 이런 면을 생각해야 한다고 봅니다.

비리라고 하는 것은 내가 돈을 주고 그 대가로 봐주는 것을 말합니다. 그런데 내가 돈을 준 것도 아니고 봐달라고 하는 것도 아닌데 비리라고 할 수 있을까요? 둘째는 어떠한 일을 지식과 상식으로 우리는 판단하려고 합니다. 지식보다 더 중요한 것은 무엇일까요? 지혜입니다. 지식을 머리라고 한다면 지혜를 가슴이라고 할 수 있습니다. 가슴이 중요한가, 머리가 중요한가요. 물론 머리도 중요하지만 나는 가슴이 더 중요하다고 봅니다. 세무조사관에게 돈을 주어서가 아니고, 감동을 느끼게 해서 자발적으로 추징세액을 줄여준 것은 비리 차원이기보다는 감동 차원이라고 생각을 합니다.

추징세액을 감면해 주는 것은 실정법으로 보면 엄연한 위반일 겁니다. 그러나 어떻게 보면 법보다 한 수 위에 있는, 지혜로운 가슴의 울림을 외면해서는 안 될 것입니다. 우리의 가슴을 따뜻하게 적시는 이와 같은 장면을 어떻게 보면 매일 찾고 있을 것입니다. 가정에서도 찾고, 학교에서도 찾고, 기업에서도 찾고 있을 것입니다. 감동적인 장면을 찾고 있다는 이야기지요. 그 감동이 우리를 먹여 살리는 것입니다. 감동이 기업을 번성하게 하는 것입니다. 감동이 나라도 잘 되게 하는 것입니다. 감동을 만들어낼 수만 있다면 그 사람은 대단한 사람입니다. 하찮은 일들도 감동이 있다면 그 자체로 충분한 가치가 있는 것입니다. 세계적인 명품도 감동이 없다면 아무런 가치가 없지 않겠습니까.

그런데 이 회사의 분위기가 얼마나 좋으냐 하면 강의실의 분위기를 보면 알 수가 있습니다. 글쎄, 강의실에 가습기까지 갖다놓고 강의를 진행하는 데는 필자는 처음 보았습니다. 팔도를 다녀보고 내로라하는 대기업의 연수원과 교육원을 비롯한 호텔 등지를 다녀보았지만 가습기를 갖다놓은 데는 한 군데도 없었습니다. 강사가 코가 마를까봐, 고객님들이 건조해서 불편할까봐 가습기를 갖다놓는 배려심이 대단하지 않습니까. 어떻게 하면 고객을 편안하고 안락하게 모실까 하는 이와 같은 서비스정신이 고객감동을 낳는 것입니다.

그러면 이 사례가 주는 교훈은 뭘까요? 첫째, 친절해야 한다는 것입니다. 누구한테나 친절 서비스하라는 것입니다. 강사가 됐건, 고객이 됐건을 막론하고 무조건 친절해야 합니다. 친절하는 데는 조건이 없습니다. 둘째, 사람은 감정의 동물이라 기분을 좋게 해주어야 합니다. 기분이 좋아지면, 안 될 일도 되는 수가 있습니다. 기분이 나쁘면 될 일도 안 되는 수가 있습니다. 물론 그런 일이 있어서는 안 되겠지만, 사람은 감정의 동물이라 기분에 좌우될 수밖에 없습니다. 그래서 어떻든 상대를 기분이 좋도록 해주어야 합니다. 셋째, 미운 사람에게 떡 하나 더 주자는 말이 있습니다. 기왕 주는 것 진실 된 마음으로 주자는 것이지요. 그러면 상대방은 나의 진실 된 마음을 알지 않겠습니까. 미워하면서 마지못해 줄 것으로 생각했던 상대가 환하게 웃는 모습으로 다가오면, 그 자체가 내 가슴에 잔잔한 감동으로 남지 않겠습니까. 상대가 감동을 하면 어떤 형태로든 그 대가가 돌아온다지요. 사실은 대가를 바라지 말고 하는 것이 좋습니다. 순수하게 용서하는 마음으로, 감사하는 마음으로 베풀자는 거지요.

| 감동의 조건 |

닭서리 이야기를 아십니까. 참외서리, 수박서리, 고구마서리 등의 이야기를 웬만한 분은 다 아실 겁니다. 필자는 중학교 다닐 때 학교와 집과의 거리가 꽤 멀었기 때문에 남의 밭에 들어가서 고구마도 캐먹고, 무도 뽑아먹고 했던 기억이 납니다. 이모님 가게에 가서 과자를 훔쳐 먹던 기억도 납니다. 이런 것을 서리라고 하지요. 그런데 모든 서리의 백미는 닭서리가 아닌가 생각합니다.

필자는 닭서리를 할 줄 모릅니다. 그래서 망을 보고 필자의 친구들이 닭을 잡아가지고 나와서 냇가에 가서 바비큐를 해먹었던 기억이 납니다. 그 맛이 얼마나 좋았던지 돈을 주고 사 먹었다면 그런 맛이 나오지 않았을 것입니다.

그런데 닭서리가 아무리 맛이 좋다한들 우리 남성들이 여성들을 서리할 때만큼은 못했을 것이라고 생각합니다. "선생님은 사모님을 어떻게 서리 하셨나요?" "사모님은 부군을 어떻게 서리하셨나요?" "전기가 막 찌릿찌릿했나요?" "아니면 찰떡처럼 쫄깃쫄깃했나요?"

여성들이 남성들의 기대보다 조금 더 해주니까, 또는 남성들이 여성들의 기대보다 조금 더 해주니까 그 맛에 사족을 못 썼습니다. 그래서 감동을 해서 청혼을 하고, 결혼을 했고, 애 낳고 잘들 살지 않습니까. 기대를 충족시켜주면 만족을 하나, 기대보다 조금만 더해주면 감동을 한다는 거지요. 사람은 하찮은 것에 감동을 합니다. 또 하찮은 것에 실망을 하기도 합니다. 그 조그만 부분 때문에 감동과 실망이 왔다 갔다 합니다.

오늘 같이 계신 분들에게 조그만 감동 하나 선물하면 어떨까요? 거금 1,000원을 투자하십시오. 그 돈으로 장미 한 송이를 사십시오. 그 장미를 허리춤에 감추었다가 현관문 열고 들어가면서 "깍꿍!" 하며 보여주시면 어떨까 싶어요. 비록 장미 한 송이지만 기대하지 않았던 것이라면 감동할 것입니다. 그리고 이와 같은 감동을 우리 회사에 어떻게 연결 지을까를 생각하는 게 중요합니다.

기업은 어떻게 하면 임직원들에게 더 잘해줄까를 생각해야 합니다. 우리는 사랑하는 가족에게 가능하면 잘해주고 싶은 게 가장의 심정입니다. 기업도 가족입니다. 사랑하는 내 가족입니다. 기업이 살아야 가족도 사는 것입니다. 가족은 사소한 일에도 감동과 감격을 느껴야 합니다. "이 어려운 상황에 건강하다는 게 어디야!"라고 하면서 웃어야 합니다. 우리는 감동에 너무 무디어 있는 것 같습니다.

하찮은 일에도 감동해야 합니다. "오, 원더풀! 당신 최고! 오, 뷰티플! 당신 멋져!"라고 하면서 감동할 줄 알아야 한다는 거지요. 생활을 즐겁게 하기 위해선 의도적인 감동도 필요합니다. 이 나의 감동 하나가 분위기를 확 바꿔주는 경우가 많습니다. 이 감동이 올인과 몰입을 가져옵니다.

여기서 왓슨 와이어트의 조직 효율성 사업부 글로벌 대표인 일레인 고시먼의 이야기를 들어봅시다.

"몰입은 직장에 대한 사명감(commitment)과 업무명확성(line of sight)을 합친 개념이다. 즉 업무에 최선을 다할 자세가 되어 있는 사람이 조직의 목표를 달성하기 위해 적합한 일을 수행하는 것이다. 몰입의 결과는 생산성의 극대화로 나타난다."

몰입을 이끌어 내는 대표적인 동인(driver)은 고객 중심적 관점, 보상 및 복리후생, 커뮤니케이션, 전략적 방향성 및 리더십 등이라고 했습니다. 여기서 미라이의 감동전략은 몰입을 이끌어내는 총체적인 동인이라고 할 수 있을 것입니다.

미국의 대공황이던 1929년 당시 세계 경기는 싸늘했습니다. 일본의 경기도 급속히 얼어붙었습니다. 급기야 몇몇 업체가 부도를 맞습니다. 마쓰시타 계열사도 위기에 직면합니다. 판매는 급감하고 재고는 싸였습니다. 35살 먹은 젊은 CEO인 마쓰시타는 직원들을 불러모아 이렇게 말합니다.

"회사가 어려워서 이런 조치를 취하겠습니다. 첫째, 내일부터 근무를 반나절로 줄이겠습니다. 둘째, 매주 이틀은 휴무를 하겠습니다. 셋째, 생산도 반으로 줄이겠습니다." 모두가 숨을 죽였습니다. '이제 해고와 임금삭감이구나!' 이렇게 생각했는데 사장은 월급 한 푼 깎지 않고 해고한 사람도 없었습니다.

감동한 종업원들은 오히려 휴일도 잊고 일했습니다. 가족까지 동원했습니다. 두 달 만에 재고가 소진되고 공장은 정상으로 돌아섰습니다. 이것이 바로 감동경영입니다. 이것이 감동의 리더십입니다. 어떻게 영향을 미칠 것이냐? 감동스럽게 영향을 미치자는 겁니다. 긍정적으로 영향을 미치자는 겁니다. 감동받은 직원들은 저절로 움직이지 않습니까. 누구 하나 시키지 않아도 움직이는 것입니다.

감동받으면 어떤 형태로든 보답을 하게 되어 있습니다. 그 감동의 대상이 직원이 됐건, 고객이 됐건 누구나를 막론하고 말입니다. 세계적인 불황과 위기도 우리의 감동으로 물러나기를 바랍니다. 여러분의 계속적인 감동의 지혜가 발휘되기를 바라면서…….

| 기대보다 잘 해주기 |

기대만큼 해주면 만족하나, 기대보다 조금만 더해주면 감동합니다. 일본에 '미라이공업'이라는 중견기업이 있습니다. 아시는 분은 아시겠지만 이 회사는 정년이 70세입니다. 연 140일간 휴가가 있습니다. 일본 평균은 120일입니다. 평균보다 20일이 더 많습니다. 대기업 수준의 임금을 받습니다. 5년마다 전 직원 공짜 해외여행이 있습니다. 야근이나 특근이 없습니다.

자, 이와 같은 근무조건은 듣기만 해도 감동 그 자체입니다. 회사가 직원들의 기대보다 조금 더 잘해주니까 감동한 직원들은 무엇으로 보답을 할까요. 품질로 보답하지 않겠습니까? 자기들이 취급하는 제품의 품질을 계속 업그레이드시켜 가는 것으로 보답을 합니다. 어떻게 하면 고객들이 더 싼 제품을 쓸 수 있을까, 어떻게 하면 고객들이 더 편리한 제품을 쓸 수 있을까를 늘 생각하는 것입니다.

이 회사의 모토는 무엇이냐면, '늘 생각하라'입니다. 이 기업의 아이템들은 전부 직원들의 제안과 아이디어로 만든 것이라고 합니다. 이 회사 제품들은 일본에서 시장점유율이 70~80% 정도 된다는 거지요. 이렇게 되면 독과점과 마차가지입니다.

사람은 감동을 하면 보답을 합니다. 당신이면 감동을 받았는데 가만히 있겠습니까. 다만 어떤 식으로 하느냐 하는 것은 상황에 따라서 다릅니다. 다음에 꼭 감동받은 그곳을 찾아가거나, 고객을 소개해주거나, 감동의 주인을 무척 신뢰하게 되지요.

미라이공업의 야마다 사장은 말합니다. "사람은 말이 아니기 때문에 채찍은 필요 없다"고요. 계속 당근만 주는 것입니다. 계속 잘 해주면 직원들은 능력이 배가된다는 것이지요. 그런데 이 말이 어폐가 있을 수도 있지만 이 조직에서는 통합니다. 회사가 43년간이나 흑자를 내며 발전하는 것이 이 말이 맞음을 증명해 주고 있습니다.

조직의 생존조건은 무엇일까요? 전 임직원이 회사에 몰입하면 조직은 발전이 보장됩니다. 그런데 우리 조직인 2명 중 1명은 어떤 형태로든 자기 조직에 불만이 있다고 합니다. 이들은 딴 생각을 한다는 겁니다. 100명 중에 50명은 대체로 올인하는 반면, 나머지 50명은 딴 생각을 한다는 것이지요. 회사에 올인하는 50명이 딴 생각을 하는 50명을 먹여 살리는 셈입니다.

이 딴 생각을 하는 50명을 딴 생각을 못하게 하는 게 필요합니다. 저 같은 사람들이 나서서 신나게 일할 수 있는 분위기를 만들어 주는 것이 중요합니다. 그러면 회사는 잘될 것입니다.

여러분은 어떤 그룹입니까? 여러분 조직에 올인하는 그룹입니까? 딴 생각을 하는 그룹입니까? 딴 생각을 한다고 해서 반드시 나쁜 것은 아닙니다. 더 발전을 가져오는 경우도 있습니다.

미라이공업의 특징은 무엇일까요? 800여 임직원들이 회사에 올인할 수 있도록 하는 데 있지 않나 싶습니다. 올인하면 잘되고 딴 생각을 하면 안 되는 것이지요. 올인하도록 하는 방법은 '감동'을 주는 게 최선의 방책입니다. 감동을 주는 조건은 앞에서 이미 밝혔지만 다시 언급을 하면 첫째, 정년이 70세입니다. 둘째, 대기업 수준의 임금을 받습니다. 셋째, 5년에 한 번씩 공자로 해외여행을 합니다. 넷째, 일 년에 14일간 휴가가 있습니다. 다섯째, 야근이나 특근이 없습니다. 등등……. 이와 같은 일들이 전부 감동의 조건입니다. 귀하라면 감동받지 않겠습니까? 다른 데와는 판이하게 다른 근무조건과 여건을 제공하고 있는 것이지요. 미라이공업의 영원한 번창을 기원합니다.

| 포옹하기 |

포옹하면 참 따뜻합니다. 어미닭이 병아리를 감싸는 것처럼 포옹은 따뜻하고 사랑스럽습니다. 누구하고나 뜻 맞는 사람끼리 포옹을 하면 기분이 좋습니다. 더욱 남녀 간의 포옹은 가슴을 설레게 하지요. 애인을 만나면 '안아줄까, 어떻게 할까? 눈앞에 나타나면 막 달려갈까? 걸어서 갈까? 그래서 말없이 포옹을 할까? 아니면 안아서 한 바퀴 휙 돌아줄까?' 하는 생각만 해도 기분이 좋습니다.

아직 우리의 정서는 누구하고나 포옹을 하는 단계는 아닌 것 같습니다. 사랑하는 남녀지간이나 가족지간이 고작인 경우가 대부분이지요. 그러나 점차 포옹이 사회적으로 번지는 것만은 확실해 보입니다. '프리 허그(Free Hug)' 라 해서 노상에서 원하는 분에게 안아드리는 경우도 있지요.

필자는 포옹을 적극적으로 권장하는 사람입니다. 왜냐면 포옹을 통해 서로간의 후덕한 마음과 사랑을 느낄 수 있기 때문입니다. 포옹은 남녀 불문하는 것입니다. 우선 부부간에 먼저 포옹하시고, 아이들과도 따뜻한 마음으로 포옹하면 좋겠습니다. 그러고 나서 주변으로 확대하는 것이 바람직하다고 생각을 합니다. 나는 최근에 이런 글을 보았습니다. 가족지간에 포옹을 하면 마음과 마음이 연결돼서 절대 딴 짓을 못한다는 이야기를 말입니다. 바람을 피우거나 집을 나가거나 하는 일들을 못한다는 것이지요.

그래서 포옹을 하는 부부는 말썽을 안 피웁니다. 아이들도 말을 잘 듣습니다. 교우관계도 좋고 인성도 좋습니다. 안하시는 분들은 한번 해보시기 바랍니다. '마음과 마음이 연결되면 딴 짓을 못합니다. 연결하는 방법은 포옹에 있다' 고 생각하시기 바랍니다.

15 > 85의 법칙이 있습니다. 정보흡수 비율을 보면 시각이 60%, 청각이 20%, 촉각이 15%입니다. 또한 후각이 3%, 미각이 2% 해서 100%입니다. 여기서 촉각은 15%에 불과한데 이 15%가 나머지 전체를 압도하는 경우가 있습니다. 이것을 15 > 85의 법칙이라고 말을 합니다.

왜냐하면 이 15%인 촉각, 즉 스킨십과 포옹이 그 나머지 전체를 능가하는 경우가 왕왕 있기 때문입니다. 악수하고 포옹만 제대로 하면 그 자체가 감동을 불러와서 모든 것을 해결하는 것입니다. 더구나 마음과 마음이 통하면 그 어떤 일도 해결이 안 되는 것이 없습니다. 마음이 통했는데 안 되는 일이 있었습니까. 다 된다 이겁니다.

필자의 변화전략 가운데 '111기접칭 법칙'이라는 것이 있습니다. 하루 1번 이상 기도를 하고, 하루 1번 이상 피부 접촉을 하고, 하루 1번 이상 칭찬을 한다는 뜻입니다. 저는 독실한 신자는 아닙니다. 그러나 기도는 합니다. 어쩌면 우리가 하는 말 자체가 기도일 것입니다. 아니 생활 자체가 기도가 돼야 합니다.

하루 1번 이상 피부 접촉을 한다는 것은 스킨십을 말합니다. 포옹을 뜻합니다. 마누라와 포옹을 하고 한 1~2분 있으면 기분이 괜찮아요. 이때 칭찬도 해줍니다. "당신 괜찮은 사람이야. 당신 덕분에 어려운 일도 잘 넘기고 있어. 고마워!" 그러면 집 사람의 포옹의 강도가 달라집니다. 어디서 힘이 나오는지……. 힘이 세질까요? 약해질까요?

우리 아이들이 말썽을 피우면 무엇 때문일까요? 내 배우자가 문제를 일으킨다면 무엇 때문일까요? 내가 정말 사랑하는 마음으로, 우리 아이들을 안아주고, 배우자를 안아주었는가를 생각해 봐야 합니다. 내가 열린 마음으로, 감사하는 마음으로 안아 주었는가를 생각해봐야 합니다.

아마 그러지 못했을 가능성이 많습니다. 우리 아이가 말썽을 피우는 것은 내가 따뜻하고 사랑스런 마음으로 안아주지 못했기 때문입니다.
우리 배우자가 문제를 일으키는 것은, 내가 감사하는 마음으로 안아주
지 못했기 때문입니다. 모든 원인은 나한테 있는 것입니다. 이제부터라
도 사랑하고 감사하는 마음으로 안아주어, 마음이 통하기만 하면 우리
아이가 말을 잘 듣고, 내 배우자가 가정 경영에 올인하게 될 것입니다.

우리 모두 사랑하는 마음으로 포옹을 열심히 하여 행복한 가정을 이
루었으면 합니다. 또한 우리 사회가 행복한 사회가 되었으면 합니다.
포옹의 힘이 얼마나 중요하고 위대한지를 나타내는 사례가 있습니다.

많이들 들어 보신 이야기일 겁니다. 다시 한 번 생각해 보겠습니다.
미국에서 있었던 일입니다. 주인공은 올해 10살 된 쌍둥이 자매 카이리
와 브리엘 잭슨입니다. 이들은 1995년 10월. 1kg도 안 나가는 조산아
로 태어났습니다. 당시 언니 카이리는 인큐베이터 안에서 건강을 회복
해갔지만 동생 브리엘은 혈압, 맥박, 호흡 등이 경고수치를 넘길 정도로
위급했습니다.

그때 한 간호사가 언니인 카이리를 데려와 동생 브리엘의 인큐베이
터에 함께 넣자, 놀라운 변화가 시작되었습니다. 동생의 어깨에 언니의
손길이 닿은 후 의료진도 속수무책이던 브리엘의 몸 상태가 놀라운 속
도로 회복되어 갔습니다. 이 이야기는 미국 전역에 감동을 전했고, 《긍
정의 힘》 등 베스트셀러에도 인용돼 많은 사람들에게 희망을 안겨주었
습니다.

이것이 포옹의 힘입니다. 스킨십의 힘입니다. 사람은 누군가로부터 따뜻한 마음 이상의 그 뭔가를 받고 있음을 느낄 때, 한없이 행복해지는 것입니다. 행복해지면 건강이 회복되는 것은 시간문제입니다. 그래서 그 쌍둥이 형제도 포옹을 통해 행복을 느꼈고, 그 행복이 건강을 회복하게 해주지 않았나 싶습니다.

21세기는 감성의 시대라고 합니다. 감성을 만족시켜야 합니다. 감성을 만족시켜주는 방법이 하나가 있다면 포옹이 아닌가 하는 생각입니다. 우리 가족은 물론 고객들에게도 포옹의 정신으로 다가가서 안아주면 그들을 우리의 팬으로 만들 수 있지 않을까 생각합니다.

오늘도 서로 많이 포옹해주어 행복을 느끼며 사는 하루이기를 바랍니다. (203P, 행복한 팀워크 참고)

| 사소한 일에도 감동을 느끼자 |

감동하려면 사소한 일에도 감동을 느낄 필요가 있습니다. 예를 들면 새소리, 바람소리, 시냇물소리에도 감동을 느낄 수 있어야 합니다. 대자연 자체가 사실은 감동의 대상입니다. 이 맑은 공기, 깨끗한 물, 푸른 자연, 그 속에서 온갖 새들의 노래 소리가 들리고, 바람소리가 들리고, 시냇물이 졸졸 흐르는 소리가 들리는 자연! 그 자연에 대해서 감동을 느껴야 합니다.

감동을 느끼려면 감성이 좀 예민해져야 할 듯합니다. 우리는 감성이 좀 둔한 편인 것 같습니다. 내 마음과 귀를 나에게도 열어야 하지만 외부세계로도 열어야 합니다. 그 외부세계의 움직임에 예민하다거나 그 변화에 민감해질 필요가 있다고 봅니다. 그러면 물소리, 새소리, 바람소리 등에도 교감을 하게 되지 않겠습니까.

낙엽을 밟으면서 또는 낙엽 지는 소리를 들으면서, 계절이 오고 가는 소리를 들으면서도 우리는 바쁘다는 이유로 무심히 지나칠 수 있습니다. 거기에 조금만 귀를 열고, 마음을 열면 그곳에 감격과 감동을 맛볼 수 있는 기회가 있을 텐데……. 우리는 그 기회를 놓치고 있는지 모릅니다.

어쨌거나 우리는 좀 감격을 하면서 살 필요가 있을 것 같습니다. 그러려면 자연에 대해서, 무상으로 주어진 자연의 베풂에 대해 고마움을 느낄 줄 알아야 합니다. 공기가 없다면 어떻게 살겠습니까. 물이 없다면 어떻게 살겠습니까. 이 푸르른 자연이 없다면 어떻게 살겠습니까. 무한대로 주어진 이 깨끗한 공기, 맑은 물, 푸르른 자연에 대해서 감사해야 합니다.

아스팔트 위의 조그만 틈새에서 풀이 자라는 것을 보는 경우가 있지요. 그 풀이 어느새 훌쩍 커버린 경우도 있습니다. 훌쩍 커버린 풀을 보면 어떡하십니까. 무덤덤하게 그냥 지나치지 마시고 한마디 하면 어떨까요.

"와, 이풀 봐! 척박한 환경에서도 불평 한마디 없이 무럭무럭 자라는 것 보라고. 나도 니한테 배워서 아무런 불평불만 없이 주어진 환경에 적응하면서 살아갈 거야. 왕성한 생명력의 소유자가 될 거야. 저 사막에서도 뿌리를 내리고 살아갈 수 있는 끈질긴 생명력의 소유자가 될 거란 말이야. 고마워. 한 수 가르쳐주어서 고마워"라면서 대화를 해보면 어떨까 싶어요.

사실 모든 잡초는 아무런 불평불만이 없습니다. 태어난 그곳을 숙명이라 받아들이면서, 최선을 다해 뿌리를 내리며 살아갑니다. 저 사막에서도, 돌밭에서도 주어진 환경에 적응합니다. 물을 찾아가는 그 뿌리의 추적성은 대단합니다. 몇 미터씩 뻗기도 하니까요.

필자의 집에 고무나무가 한 그루 있는데 그 고무나무를 보면 화분 위로 뿌리인지 줄기인지 분간하기 어려운 가지 같은 게 나오더라고요. 잎사귀가 안 나오는 것을 보니까 뿌리 같기도 하고……. 몇날 며칠을 그냥 뒀지요. 그런데 이것이 뿌리임이 입증이 되었습니다. 한참을 돌고 돌아 물을 찾아 뻗었더라고요. "와~ 대단하다"는 감탄사가 절로 나왔습니다. 어떻게 그쪽에 물이 있는 것을 알았는지 물이 있는 곳을 찾아갔더라고요. 이렇게 모든 생명은 물을 찾아갑니다.

일본인 애마도 마사루가 쓴 《물에도 생명이 있다》를 보면 물에도 생명이 있음을 증명하고 있습니다. "사랑한다. 감사한다"고 하면 가장 기분이 좋은 상태인 '육각형'의 모습을 보이다가, 이 "망할 놈, 우라질 놈" 하고 욕을 하면 육각형의 풀어져 버린다고 합니다. 우리 사람도 3

분의 2가 물이요, 식물도 3분의 2가 물입니다. 물이 없으면 곧바로 죽지요. 모든 생명체는 물이 있음으로 태어나고 물이 없어지면 죽는 것입니다. 화성에 물 자국이 있다면서요. 그러면 생명체가 있을 가능성이 많습니다. 우리가 물 한 모금을 마셔도 감사하는 자세로 마시고 생활한다면 더욱 건강하지 않겠습니까.

딸내미가 "엄마!" 하고 불렀습니다. 학교에서 막 뛰어오는 길이예요. 뛰어오면서 "엄마, 나 90점 맞았어" 하면 어떻게 하시렵니까? "아이구, 우리 딸내미가 90점이나 맞았어. 대단하네!"라고 하면 족한 것입니다. 그런데 우리는 보통 어떻게 합니까. "그래. 내 딸 장하다. 90점이나 맞았다니. 그런데 말이야. 니네 반에서 90점 맞은 애들이 몇 명이니?" 하면 안 된다는 거죠. 김이 팍 셉니다.

또는 누군가 사소한 것 하나라도 잘하면 "수고했어!" 하고 평범하게 말하는 것보다는 "와, ㅇㅇㅇ 멋져. 그런 면도 있었어? 당신이 최고!"라고 해주면 어떨까요. 자, 떡본 김에 제사 지내고, 말이 난 김에 같이 합시다. 옆에 짝꿍이 있다면 그 짝꿍을 쳐다보며 말합니다.

"당신이 최고!" 한 번 더 "당신이 최고!" 우리는 각자가 최고의 존재로 태어났습니다. 태어났다는 거 자체가 3억 대 1의 경쟁을 뚫은 것입니다. 대단하지 않습니까. 우리 모두가 자기분야에서는 자기가 최고라는 긍지와 자부심을 가져야 하겠습니다.

사소한 것에도 감동을 느끼면 지천에 감동의 대상들이 널려있습니다. 예를 들면 누군가의 말 한마디에도 감동이 묻어날 수 있습니다. 목소리나 표정에도 감동이, 눈빛에도 감동이 묻어나는 일들이 얼마든지 있을 것입니다. 문제는 감동을 느낄 준비가 되어 있어야 한다는 것입니다. 순수할수록, 단순할수록 감동은 잘 오지 않겠나 생각해 봅니다.

| 일본 농부의 감동 이야기 |

여러분은 일본을 감동시킨 '기적의 사과' 이야기를 다 아실 겁니다. 그 주인공인 기무라 씨는 지금까지 농사를 지어온 농사관행을 타파하기로 마음을 먹습니다. 농사를 짓기 위해서는 병충해를 없애야 하고, 병충해를 없애기 위해서는 농약을 써오던 관행을 타파해야 되겠다고 생각을 한 것입니다. 그러나 그게 어디 쉬운 일입니까? 한두 번 마음먹는다고 되는 일입니까?

시행착오의 연속이었습니다. 그럴 때마다 절망도 많았습니다. 죽으려고도 생각을 했습니다. 관행 타파는 물론 쉬운 일이 아닐 줄로 생각을 했지만 이렇게 힘들 줄은 정말 몰랐습니다. 후회도 했습니다. 정성을 다해서 벌레를 잡아주고 했지만, 사과가 열리기는커녕 오히려 사과나무가 말라비틀어져 가는 것을 보면서 좌절도 많이 겪었습니다.

거듭된 실패에 집안이 어려울 대로 어려워지자 그는 죄책감에 사로잡힙니다. '내가 가족을 거지로 만들어 가는구나' 하고 생각을 해서 결국 인생을 포기하기로 마음먹고 자살을 하려고 산으로 갑니다. 헌데 그

산에서 깜짝 놀랄 일이 벌어집니다.

사과나무를 발견한 것입니다. 사과가 주렁주렁 열린 사과나무를 말입니다. 그러나 나중에 보니 도토리나무였습니다. 어쨌든 사과나무거나, 도토리나무거나 그건 중요하지 않았습니다. 중요한 것은 그 나무에서 열매가 주렁주렁 열렸다는 것입니다. 문득 깨달음이 옵니다. '산에서 자라는 과수나무는 농약이 없어도 병충해가 없다. 열매만 잘 열린다' 는 것을 깨달았습니다.

그는 곧바로 사과밭으로 돌아왔습니다. 중요한 것은 사과밭의 흙을 저 산속의 흙처럼 만드는 일이라고 생각을 했습니다. 그래서 그 밭에 콩을 심어 뿌리혹박테리아가 자라도록 해주었습니다. 그 외 온갖 잡풀도 저 산에서처럼 자라게 해 주었습니다. 그러기를 수년간 공을 들인 결과 과수원의 흙이 달라져 가기 시작하였습니다. '그 흙이 산의 흙처럼 변하면 사과나무도 변할 것이다' 라고 믿었습니다.

결국 흙이 달라지자 사과나무들도 달라졌습니다. 다른 과수원의 사과나무 뿌리는 겨우 수 m 정도밖에 안 되는데 비해서, 이 과수원의 나무는 뿌리가 20여 m까지 뻗어가기도 하였습니다. 그러자 드디어 꽃을 피우고 열매를 맺기 시작했습니다. 눈물겹도록 고마운 일이지요. 자연농법을 시도한지 11년 만의 일이었습니다.

농약을 써야 병충해를 없앨 수 있다는 그동안의 관념을 드디어 털어낸 것입니다. 병충해에 걸리면 스스로 치유하는 자연치유력도 복원이 되었습니다. 그렇게 해서 기무라 씨는 일본열도를 열광케 하는 '기적의 사과'를 수확하는 영광을 안은 것입니다. 판매한지 3분 만에 다 팔리는 썩지 않는 사과가 탄생한 것이지요. 이제 그의 영광과 집념은 주변에 있는 나라에도 널리 알려진 것 같습니다.

우리나라의 전남 장성의 전춘섭 할아버지는 2005년 기무라 씨를 방문했다고 합니다. 무려 네 차례를 방문해서 그의 강의를 듣고 자연농법의 중요함을 터득했다고 합니다. 그리고 자신의 농장에서 3년 만에 썩지 않은 '기적의 사과'를 생산해 낸다고 합니다. 먼저 자연농법을 경험한 사람의 경험담을 듣고 시행착오를 줄임으로써 결실의 시간을 앞당기는 것은 매우 바람직한 일입니다. 다른 분들에게도 이와 같은 일들이 번져나갔으면 합니다.

자, 이쯤에서 꼭 언급해야 할 중요한 것이 있습니다. 기무라 씨와 '사과나무의 대화'에 관한 이야기입니다. 기무라 씨는 무수한 실패를 경험하면서 사과나무 한 그루, 한 그루를 찾아다니면서 말을 했답니다. "사과나무야, 고생시켜 미안하다. 제발 살아 달라"고 부탁을 했다고 합니다. 그런 모습, 즉 나무에게 말을 거는 모습을 옆 농가가 보면 미쳤다고 할까봐 옆 농가에 인근한 울타리에 가까운 나무들에게는 부탁을 하지 못하고 그냥 지나치곤 하였다는 것입니다. 결국 대화를 나누지 못한 그 나무들은 말라 죽었다고 합니다. '아하, 나무들도 대화를 그리워하는구나!' 사람만이 아니라 식물들도 대화가 필요함을 증명하는 대목이 아닙니까?

기무라 씨가 사과나무와 나눈 것은 대화라기보다는 일방적인 간청이
라고 해야겠지요. 동영상을 보면 기무라 씨는 나무마다 손을 얹어놓고
말을 거는 장면이 나옵니다. 예를 들면 "나무야, 건강하게 잘 자라다오.
그래서 열매를 충실하게 맺어다오." 뭐 이런 말도 하겠지요. 사람도 누
군가로부터 자주 사랑과 관심을 받은 사람이 잘 되듯 사과나무도 비슷
하지 않겠습니까. 우리는 보통 나무와 식물들은 대화를 못할 거라 생각
을 합니다. 주고받는 것이 대화라면 대화는 아니겠지요.

그러나 외부의 어떤 작용에 대해서 반응을 보이는 것만은 사실인 것
같습니다. 우리 주변에서도 이런 실험을 하곤 하지 않습니까. 양파 두
뿌리를 놓고 한쪽은 욕을 하고, 다른 한쪽은 칭찬을 하여 주면 칭찬한
쪽이 훨씬 잘 자라는 경우를 얼마든지 볼 수 있습니다. 그러니 말을 못
하는 식물이라고 함부로 대해선 안 되겠다는 생각입니다. 그들에게도
칭찬과 격려를 해주고 관심을 가져야 하겠습니다. 좋은 생각을 하고 좋
은 말을 해야 합니다. 그러면 내 주변이 좋아지지 않겠습니까. 내 주변
이 좋으면 내가 좋아지는 것입니다.

4장
윈-윈 전략

4장
원-원 전략

| 협력지수가 곧 생존지수 |

우리가 추구할 최고의 가치는 무엇일까요? 도달해야 할 목적지는 어디일까요? 그것은 창조적인 공존사회가 아닌가 합니다. 상생의 사회란 이야기지요. 한가한 소리를 하고 있다고 하실 분이 계실지도 모르겠네요. 워낙 생존경쟁이 치열하다보니까 그럴 만도 합니다.

언젠가 대학원 동창들끼리 산엘 갔습니다. 이제는 대부분 50대에서 60대가 주축을 이루는 노장층들이라고 할 수 있는 연세에 있습니다. 서울 주변에 있는 가까운 산엘 갔습니다. 그런데 즐거워야 할 산행은 그만 싸움판인 산행이 되고 말았습니다. 사연인즉슨 이렇습니다.

우리 일행 중엔 산을 잘 타는 사람이 있습니다. 마침 그 사람이 리더였습니다. 그런데 그 사람은 다른 사람을 생각하지 않고 혼자서만 성큼 성큼 걸어서 저만치 앞서 가버리는 것이었습니다. 그래서 뒤처진 사람 들을 빨리 따라오지 못한다고 야단치는 것이었습니다. 뒤에 처진 사람 들은 불평을 했습니다. 산엘 왔으면 같이 가야지 어찌 저럴 수 있느냐 고 하면서 말입니다.

물론 서로가 조금씩만 이해를 하면 좋을 일이지만 이해가 안 되었습 니다. 그래서 그날은 몹시 기분이 상하는 날이 되고 말았습니다. 저녁 때는 대판 싸움이 벌어지고 말았습니다. 유감스럽게도 그날부로 우리의 공식 산행은 깨졌고, 그래서 개인적으로만 산행을 합니다.

우리에게 필요한 사람은 어떤 사람일까요? 남들보다 우수한 능력을 과시하며, 옆 사람이야 뒤에 처지건 말건 혼자 저만치 앞서 가는 사람 일까요. 아니면 비록 앞서 달릴 수 있는 힘이 있다 해도, 옆 사람과 보 조를 맞추며 함께 걸어가는 사람일까요? 아마도 지금 우리에게 필요한 사람은 서로 도움을 주면서 나란히 걸어갈 수 있는 사람일 겁니다. 그 게 더불어 사는 지혜요, '윈-윈철학'이 아닐까 생각됩니다.

지금 우리는 온통 나의 생존에 신경을 쓰는 것 같습니다. 그런데 내 가 생존하기 위해서는 내 파트너가 생존해야 합니다. 이걸 파트너십이 라고 하지요. 파트너십이 철저할수록 그 집단은 생존할 가능성이 많습 니다.

동물의 세계를 보면 저, 아프리카의 '리카온(들개)'들은 30kg밖에 안 나가는 조그만 체구지만 이들이 열 마리만 모이면 200kg 이상이나 되는 사자에게도 전혀 꿀림이 없습니다. 사자가 공격하면 도망가는 척하다가 바로 돌아섭니다. 무엇 때문일까요? 팀워크와 파트너십이 있기 때문이라고 봅니다. 목숨을 각오하고 덤벼드는 용맹함과 부상당한 동료의 먹거리를 챙겨주는 파트너십이 있기 때문이라고 합니다.

'나는 더불어 사는 능력을 갖추었는가. 주변과 협력을 잘 하는가. 나의 파트너십 지수는 얼마나 되는가. 필요 이상으로 몸을 사리고 있지는 않은가. 뒤로 자꾸 물러서지는 않는가. 솔선수범하는가. 눈치만 보지는 않는가. 적극적인가. 긍정적인가. 과격하진 않는가. 나설 땐 나서고 물러설 땐 물러서는가. 추진력은 있는가. 협상력과 교섭력은 있는가. 관심도는 어떠한가. 배려하는 마음은 있는가' 등 이 기회에 나의 협력지수는 어느 정도일까를 파악해 보는 것도 좋을 것입니다. 그 협력지수가 곧 나의 생존지수이기 때문입니다.

유네스코는 21세기의 평생학습시대의 네 가지 기둥을 제시했습니다. 첫 번째 기둥은 알기 위한 학습이고(Learn to know), 두 번째 기둥은 옳게 행동하기 위한 학습이고(Learn to act), 세 번째 기둥은 더불어 살기 위한 학습이고(Learn to live together), 마지막 네 번째 기둥은 생존하기 위한 학습(Learn to be)이라고 했습니다.

우리는 지금 함께 생존해야 합니다. 더불어 살아야 합니다. 더불어 살 수 있는 사람이 혼자서도 살 수 있는 힘이 있지 않을까요. 더불어 살 수 없다면 혼자서 살 수 있는 힘도 없을 것입니다. 따라서 앞의 유네스

코가 제시한 세 번째 기둥인 Learn to live together(더불어 살 수 있어야)해야, 마지막 네 번째인 Learn to be가 된다는 거지요. 즉 자기 혼자서도 생존하기 위한 힘이 생긴다는 것입니다.

혼자가면 빨리 갈 수 있지만 멀리는 못 간다는 말이 있습니다. 인생은 단거리 경주가 아닙니다. 긴 마라톤입니다. 빨리 가는 것도 중요하지만 멀리 가는 것은 더욱 중요하지 않을까요. 팀워크를 이루고 파트너십을 존중하면서, 조금은 더디나 우리의 목적지인 상생사회를 위해 열심히 전진하였으면 좋겠습니다.

| 팀워크와 파트너십 |

유태인들은 남달리 팀워크를 자랑하며 살아간다고 합니다. 그런데 이번 미국발 금융위기에 그들이 휘청거리고 있다는 소식이 있었습니다. 이들이 주도해온 월가가 그동안 첨단 금융기법이라는 각종 파생상품을 만들어 엄청난 부를 챙기다 전 세계를 위기에 빠뜨렸다는 소문이 있었기 때문입니다. 더구나 '메이도프' 사기까지 끼자 돈 잃고, 신뢰 잃고, 미국에 거주하는 전 세계 유대인의 절반가량인 600만 유태인들이 흔들리고 있다는 소식이 있었습니다.

망하는 법이 없다는 그들의 삶의 방식에 일대 경종을 울렸던 것 같습니다. 그러나 파트너십으로 뭉쳐있는 그들을 배울 필요는 있다고 봅니다. 팀원 중에 누가 일이 잘 안된다면 서로 모여들어서, 그 일이 안 되는 사람을 도와주는 것입니다. 한 사람이 여러 명을 도와주는 것은 어렵지만 여럿이서 한 명을 도와주는 것은 쉬운 일이기 때문입니다.

우리가 사는 길도 팀워크라고 생각을 합니다. 팀워크와 파트너십으로 똘똘 뭉친 회사는 위기 시에도 잘 견디는 것 같습니다. ○○○○공장은 상생체제로 전환한지 채 2년도 안되었는데, 매출과 영업이익이 만만치 않게 발생한다는 이야기입니다. 노사가 힘을 합치면 잘 될 수밖에 없습니다. 그러나 부부가 싸워서 찢겨 발리면 위기가 오듯이, 노사도 투쟁이나 일삼는다면 그 회사의 미래는 불안할 수밖에 없겠지요.

그런데 여기 모범적인 노사관계를 정립하는 회사가 있습니다. 정으로 굴러가는 '3무 운수회사' 로 불리는 KD그룹이 그 장본인입니다. 왜 3무일까요? 첫째, 비정규직이 없고, 둘째, 노사분규가 없고, 셋째, 가족과 상사간의 장벽이 없다는 것입니다.

"임금인상률 0%라니요? 조금이라도 인상합시다." (사측) 덩그러니 '0%' 만 쓰인 백지를 들고 노사가 실랑이를 벌였습니다. "안됩니다. 0% 이상은 절대 안 됩니다." (노조측) 회사는 더 주겠다고 하고, 노조는 인상하면 절대 안 된다고 했습니다. 얼마 전 신문에 난 기사내용입니다.

경기고속, 대원고속 등 12개 운수회사를 계열사로 거느린 KD그룹은 5년째 사측이 아닌 노조에 임금인상을 백지위임했습니다. 지난해 고유가로 회사가 어려웠을 거라 걱정한 노조는 올해 백지에 '인상률 0%' 를 적어냈습니다. "회사 이미지도 있는데 조금이라도 올려야 하는 것 아니냐”며 오히려 사측이 안타까워했을 정도라고 합니다.

얼마나 아름답습니까? 노조는 올릴 수 없다고 하고, 사측은 오히려 올리자 하니……. 이런 장면을 두고 하는 말이 있습니다. 갈등은 갈등인데 ‘유쾌한 갈등’이라고 합니다. 자, 우리가 겪지 못하는 유쾌한 갈등을 겪는 이들의 역지사지 정신에 박수를 보내면 어떨까요?

없는 데서 박수를 치고, 없는 데서 칭찬을 하는 것이 참 좋다고 합니다. 그러면 그 박수와 칭찬이 그들에게 전달이 되고, 그들도 우리를 위해서 박수를 보낼 것입니다. 낮 말은 새가 듣고, 밤 말은 쥐가 듣는다는 말이 있습니다. 없는 데서 흉보고 험담하면 틀림없이 그 사람 귀에 들어갑니다. 그러면 그와 우리의 관계는 더욱 소원해지겠지요. 반면 칭찬과 격려의 말도 언젠가는 그들의 귀에 들어갑니다. 그러면 그들은 더욱 우리를 반기겠지요. 이렇게 해서 우리를 반기는 사람이 많을수록 더욱 보람되지 않겠습니까.

녹록지 않은 삶속에서 자신의 생존을 최대의 화두로 생각하는 요즘, 나의 생존은 내 주변과 팀워크와 파트너십을 이룸으로써 더욱 증진될 수 있다는 사실을 명심했으면 합니다.

| 갈등치유의 문제 |

우리 국민 90%가 우리 사회는 갈등이 참 많다고 했습니다. 계층간,

지역간, 노사간 갈등이 많은 원인은 자신의 이익과 주장을 앞세운 탓이라고 했습니다.

우리가 바라는 상생사회를 위해서는 이와 같은 갈등을 최소화하는 것이 필요하다는 생각이 듭니다. 약간의 갈등은 오히려 도움이 될 수도 있겠지만 그 갈등이 심하다는데 문제가 있습니다. 우리 사회의 갈등이 얼마나 심하냐 하면 GDP의 27%가 갈등비용으로 소요될 정도라고 합니다. OECD 국가 중에서 우리나라가 네 번째라는 말도 들립니다.

그러면 우리나라의 국민총생산, 즉 GDP는 얼마입니까? 약 1조 달러입니다. 우리 돈으로 환산하면 약 1,200조 원입니다. 1,200조 원 곱하기 27% 하면 약 300조 원입니다. 우리나라 1년 예산이 2010년 현재 약 280조 원 정도라고 본다면 그보다 더 많은 돈이 갈등비용으로 지불된다는 것이지요.

이혼율은 세계 2위이고, 자살률은 1위입니다. 가정이 그만큼 쉬 붕괴되고 있다는 이야기지요. 살기가 힘들어지니까 네 탓이라 하면서 갈라서고, 갈라서 보았자 뾰족한 수가 없으니 '에잇! 이놈의 세상 살아서 뭘 해!' 하면서 먼저 가는 것이 아닐까요.

용기 있는 자와 비겁한 자가 있습니다. 용기 있는 자는 어떤 말을 사용할까요? 또 비겁한 자는 어떤 말을 쓸까요? '미안해!' 라고 하는 말은 용기 있는 자의 말일까요? 비겁한 자의 말일까요? 네, 용기 있는 자의 말입니다. 비겁한 자는 이런 말을 잘 못합니다. 그럼 우리는 용기 있는 사람들입니까? 비겁한 사람들입니까? 물론 용기 있는 사람들입니다. 또 용기 있는 사람들이 되고자 하는 것입니다. 그러면 '미안해!' 라고 하는 말을 잘 할 줄 알아야 합니다.

미안한 짓을 하고도 미안하다는 소리를 안 하는 경우가 종종 있는 것 같습니다. 선진국 사람 같으면 조금만 미안한 짓을 하면 당연히 "실례합니다(I'm sorry. Excuse me.)"라고 말을 합니다. 그런데 우리는 사람을 툭 건드리면서도 그냥 지나가는 경우가 있습니다. 당연히 "실례했습니다" 하고 말을 해야지요.

대개 아들딸들은 엄마아빠와는 이야기가 잘 안 된다고 합니다. 통하지가 않는 것이지요. 대개 부모들은 아들딸들이 잘 되기를 바라면서 너는 어떤 사람이 되어야 한다고 강요하는 듯한 경우도 있는 것 같습니다. 그런 반면 자녀들은 자신들이 원하는 것이 그것이 아니라는 거지요. 어느 아버지가 한 말입니다. "미안해. 아들아! 용서해 주겠니?" 이 한마디 말에 아들은 그만 펑펑 울고 말았다고 합니다. 그동안 가슴속에 쌓인 한이 많았다는 이야기지요.

미국의 조비 인터내셔널에서 설문조사를 했답니다. 직장인 9,970명을 대상으로 설문조사를 한 결과, 연봉 10만 달러 이상 고액 연봉자들은 연봉 2만 달러 이하의 소액 연봉자들보다 '미안하다' 는 말을 2배 이상 잘 하는 것으로 나왔다고 합니다. 연봉이 많을수록 일반적으로 배움이 많고, 배움이 많을수록 겸손하다는 이야기가 아닐까라고 생각을 해봅니다. 우리는 각기 배움이 다양하겠지만 '미안합니다' 라는 말을 잘

해야겠습니다.

 이 말과 함께 우리가 꼭 해야 할 말이 있다면 무엇일까요? '고마워'라는 말일 겁니다. '고마워(Thank you.)'라는 말을 잘 하면 누구에게든지 미움을 받을 일은 없을 겁니다. 당신에게 '땡큐!'라고 하는데 미워할 사람이 있겠습니까. '실례합니다'와 '감사합니다.' 이 두 마디만 하면 다른 말을 몰라도 해외여행을 하는데 지장이 없다고 합니다. 'Excuse me.'와 'Thank you.'는 그만큼 사용빈도수가 많다는 이야기겠지요.

 '감사합니다'와 '미안합니다'는 병을 치유하기도 하는 것 같습니다. 과거에 어느 모임을 갔는데 2백여 명의 청중이 모였습니다. 그런데 주최 측에서 전깃불을 끄고, 군데군데 촛불만을 켜놓고 "지금부터 감사행을 하도록 하겠습니다"라고 말을 합니다. 배경음악도 "나실~제 괴~로움 다~ 잊으시고~" 하는 잔잔하면서도 슬픈 음악이 흘러나옵니다.

 여기저기서 '감사행'을 하기 시작합니다. "부모님, 감사합니다. 남편님, 감사합니다. 아내님, 감사합니다. 아드님, 감사합니다. 따님, 감사합니다. 상사님, 감사합니다. 부하님, 감사합니다……." 실내는 온통 '감사합니다'는 소리가 들릴 뿐입니다. 2~3분이 지났을까요? 여기저기서 훌쩍거리는 울음소리가 들려오기 시작합니다. 바로 옆에서도 들리고 좀 먼 곳에서도 들리고……. 한 5분쯤 흘렀을 때는 온통 울음바다가 됩니다.

운다는 것은 무엇을 뜻할까요? 공감한다는 것입니다. 남편이나 아내의 수고스러움에 공감하고, 그 일에 감사함을 뜻하는 것입니다. 우리는 그동안 남편이나 아내 또는 부모에게 감사보다는 미움 같은 것이 많았는지 모릅니다. 그러나 감사행을 함으로써 미움이 감사로 변하는 장면을 그 모임에서 경험을 하였습니다.

감사행은 이렇게 좋은 것이로구나! 마음에 쌓인 병을 말끔히 치유해 주는 효과가 있음을 알았습니다. 이 말은 가까이 있는 사람에게 원망과 미움보다는 감사의 말을 잘 하면 건강해질 수 있다는 말과 같지 않겠습니까. 따라서 부모님 또는 남편이나 아내 등에게 감사하다는 말을 자주 할수록, 우리의 생활은 건강하고 윤택해질 것입니다.

우리는 부모님께 의외로 한이 맺힌 사람들이 많은 것 같습니다. 예를 들면 "내 형은 대학을 보내주었는데 나는 대학도 안 보내주었습니다." 또는 "내 형에게는 유산을 많이 물려주었는데 나에게는 밭 한 뙤기밖에 안 주었다"는 등 불만이 많은 듯합니다. 또는 남편이나 마누라한테 한이 맺힌 경우는 부지기수이죠. 감사행은 그 모든 것을 치유해 줍니다.

어느 모임에서 설문조사를 했답니다. "다시태어나면 그 인간과 사시겠습니까?" 남성들은 대부분 "Yes!"라고 대답한 반면, 여성들은 대부분 "No!"라고 했답니다. 어떤 부인은 얼마나 성질이 났으면 "다시 태어나도 그 인간과 사시겠습니까?"라는 설문 바로 밑에 볼펜도 아니고, 사인펜으로 "골 비었나요?"라고 적어놓았다는 이야기도 들은 적이 있습니다. 얼마나 성질이 나면 그러겠습니까?

같은 질문을 노인대학의 60대 할머니에게 했습니다. "할머니, 다시 태어나면 그 인간과 사시겠습니까?" "아이구, 살기는요. 새로운 놈 만나가지고 한번 행복하게 살아봐야 제." 똑같은 질문을 70대 할머니에게 했습니다. "할머니, 다시 태어나면 지금의 그 인간과 사시겠습니까?" "흥, 그놈이 그놈이여." 남자들은 똑같다는 겁니다. 재혼해서 살아보니까 똑같다는 겁니다.

다시 같은 질문을 80대 할머니에게 했습니다. "할머니, 다시 태어나면 지금의 그 인간과 사시겠습니까?" "아이구, 난 살어, 살어." "와! 할머니 사이가 그렇게 좋습니까?" "흥, 좋기는요. 그놈하고 싸우고 또 싸우고 징그럽게 싸웠지. 하도 싸운 덕분에 그놈을 좀 알게 됐어. 다시 태어나서 새로운 놈 만나가지고 싸우고 또 싸우려면 난 지쳤어. 차라리 묵은 놈과 살기여"라고 했다고 합니다.

이렇게 인간은 한없는 갈등 속에서 사는 것인지 모릅니다.

어느 젊은이가 있습니다. 그 젊은이는 회사를 옮겼습니다. 인간관계가 여의치 않아서 옮겼습니다. A사에서 B사로 다시 C사로 옮겼는데……. 옮겨서 보니까 그곳에서도 똑같이 인간관계가 만만치 않은 겁니다. '상사는 악질이지, 부하는 저질이지…….' 그래서 이 젊은이는 고민합니다. '왜 내가 가는 데마다 상사는 악질들만 있을까. 또 부하들은 저질들일까!'

그러나 이 젊은이는 고민을 잘못하는 것 같습니다. 가는 데마다 똑같은 문제가 벌어진다면 이렇게 고민해야 하지 않을까. '아하, 내가 바로 악질이고 동시에 저질' 이 아닐까 하고 말입니다. 우리는 자기성찰이 필요합니다. '네 탓' 이라는 책임전가 자세에서 '내 탓' 도 있다는 자기성찰 자세로의 사고전환이 필요합니다. 필자는 이와 같이 사고를 바꿈으로써 갈등을 상당부분 해소했습니다.

자, 두 팀으로 나누겠습니다. A팀과 B팀으로 나누었습니다. 우리 부부라고 합시다. 부부 중 어느 한 쪽이 큰 마음먹고 이렇게 이야길 합니다. A팀에서 이야기 합니다. "여보, 내가 미안했어"라고 합니다. 그러면 B팀에선 뭐라 화답해야 할까요? 자기성찰 자세로 사고전환이 일어난다면 "아냐, 나도 잘한 건 없어!" 이정도 얘기하면 되지 않겠습니까?

자, 그러면 경우에 따라서는 힘이 센 사람이, 약한 사람을 덥석 안고 어디로 던질 겁니다. 어디로 던져요? 창밖으로……? 침대위로 던집니다. 그리고 자기 자신도 던지는 겁니다. 덮치는 거죠 뭐. 그러면 갈등은 끝이 납니다.

사실은 "여보, 내가 미안했어"라고 용기를 내서 말하면, 상대편이 "아냐, 나도 잘한 건 없어"라고 화답하면서 갈등은 다 풀린 것입니다. 둘이 손을 마주잡고 포옹을 하면서 두 사람간의 갈등은 다 해소된 것입니다. 그런데 "여보, 내가 미안했어"라고 하는데 상대가 "그래 미안했지. 진작 그렇게 나올 것이지!"라고 한다면 여전히 책임전가 자세가 있기 때문에 갈등은 풀리지 않는다는 거죠. 책임전가냐, 자기성찰이냐?

자기성찰이 중요하다는 거지요.

이와 같이 자기성찰은 문제를 근본적으로 풀게 해주는 요소가 아닌가 하는 생각이 듭니다. 외부에서 해법을 찾으려 하지 말고 내부에서 해법을 찾으라는 이야기가 되겠습니다.

| 차이의 인정 |

갈등을 해결하는 또 한 가지 해법은 무엇이냐? '다름과 차이를 인정해 주자는 것입니다.' 다름과 차이를 인정하고 융화하면 시너지가 창출됩니다. 시너지가 창출되면 잘 삽니다. 오늘 아침 집에서 나오면서 한바탕 싸웠다면 '아하, 그 사람의 생각은 나와 다를 수 있음을 인정했다면 싸우지 않아도 될 수 있었는데……' 라는 생각이 들 겁니다.

지구상에는 65억의 인구가 있습니다. 그들은 모두 다릅니다. 형제지간도 다르고 부부지간도 다릅니다. 심지어 쌍둥이도 다른 것을 인정해 주어야 합니다. 우리는 상대를 인정해 주는데 상당히 인색한 편인 것 같습니다. 내 것이 중요한 만큼 상대편 것도 중요하다고 하는 기본마인드만 있으면 해결이 되는 것입니다.

이 기본을 인정해 줘야 합니다. 내 것을 인정해 줄 때 상대편도 인정받을 수 있습니다. 서로 인정하고 인정받는 사회는 참 아름다운 사회입니다. 우리는 모습이 다르고, 생각이 다르고, 행동이 다릅니다. 하는 짓거리가 다릅니다. 다른 것을 인정해 주자는 거지요. 인정하는 것은 융화의 사회를 위해서도 꼭 필요한 것입니다.

종교 간에도 이 다름과 차이를 인정해 주기만 한다면, 사회 전체가 더욱 아름다운 사회가 될 것이라 생각을 합니다. 차이와 다름을 인정해 주기만 한다면, 종교 간의 갈등도 상당부분 해소될 수 있을 것이기 때문입니다. 갈등의 맨 위에 있는 종교 간의 갈등이 해소되면, 모든 갈등이 해소된다고 해도 과언이 아닐 것입니다.

그 어려운 정치의 여·야간의 갈등도 상당부분 해소될 것입니다. 노·사간의 갈등의 문제도 해결이 안 될 것이 무엇이 있습니까. 부부간의 갈등도 많은 부분이 해소될 것이라 믿습니다.

다름과 차이를 인정하고 시너지를 창출한 걸출한 인물을 소개하겠습니다. 그분은 바로 만델랍니다. 그는 남아공의 전 대통령입니다.

그는 46세 때 민주화운동의 대가로 종신형을 선고받습니다. 1991년 71세의 나이로 석방될 때까지 28년을 감옥살이를 하다가 4년 뒤인 1994년 대통령에 당선되었습니다. 28년을 감옥살이했으면 30대 미만의 젊은이들은 그가 누군지 거의 모르지 않겠습니까. 그런데도 불과 4년 만에 당선된 비결이 무엇일까요? 무엇으로 소통했을까요?

그에겐 원칙이 있었습니다. 무슨 원칙이냐. 모든 것을 포용하는 포용의 리더십이 있었습니다. 가끔 설거지를 해보면 두 그릇이 포개져서 안 떨어질 때가 있습니다. 밑의 그릇이 충분히 크질 못해서 그렇겠지요. 그릇이 커버리면 상대방은 전부 내 그릇 속으로 포용이 됩니다.

또한 그는 화해의 리더십을 발휘했습니다. "우리 싸우지 말자. 제발 함께 일하자. 함께 잘살자. 우리도 잘살 수 있다. 팀워크를 이루자. 파트너십을 이루자." 다름과 차이를 인정하고 융화한 대통령이라고 생각을 합니다. 한 보고서는 말합니다. 만델라를 늘 '겸손한 사람, 늘 긍정적인 사람, 늘 웃는 사람' 으로 기록하고 있습니다.

여러분도 이런 사람이 되고 싶으시지요? 그러면 외치십시오. "늘 겸손한 사람이 되자. 늘 긍정적인 사람이 되자. 늘 웃는 사람이 되자." 그래서 만델라를 가리켜서 '살아있는 성자, 살아있는 예수, 살아있는 석가' 라고 말을 합니다. 다름과 차이의 인정! 이것이 갈등해소에 중요한 역할을 하는 것이라고 생각합니다.

| 질문법 |

질문법을 사용해 보시기 바랍니다. 습관적으로 반복되는 생각의 흐름을 바꾸어서 우리가 원하는 방향으로 생각을 할 수 있게 될 것입니다. 그것은 질문을 하는 것입니다. 습관적인 생각의 패턴에도 불구하고, 질문을 받는 순간 질문에 맞는 생각에 집중하게 됩니다. 예를 들어 '무엇이 문제인가?' 라는 질문은 문제점에 집중하게 만들며 '우리의 갈등의 문제는 어떻게 풀 것인가?' 라는 질문은 그 문제를 풀게 해줍니다.

예를 들면 갈등의 문제를 푸는 토론의 장이 마련되었다고 합시다. 사회자가 "우리의 갈등을 해결하는 방법에 대해서 토론해 보겠습니다. 우리 사회에는 갈등이 참 많은 것 같습니다. 이 갈등이 화합과 통합을 저해하는 측면이 많아서 걱정입니다. 물론 긍정적인 측면도 일부 있지만 아무래도 부정적인 측면이 훨씬 더 많은 것 같습니다. 갈등의 해법에 대해서 누구든 좋은 말씀 기대합니다."

그러자 성질 급한 이 과장이 말을 받습니다. "갈등의 원인이 있을 것 아닙니까? 그 원인을 찾아서 제거해 주는 것이 가장 좋습니다. 원인을 먼저 찾는 게 필요합니다."

박 과장이 말을 잇습니다. "물론 원인이 있겠지요. 그런데 그 원인이 상충돼서 서로 상대에게 책임이 있다고 생각하는 경우가 많은 것 같습니다. 이럴 경우가 문제지요."

"나는 이렇게 생각합니다"라면서 배 과장이 말을 합니다. "나는 우리의 갈등의 문제를 푸는 길은 배려라고 생각합니다. 타인을 조금만 더 배려해주고, 조금만 더 내가 손해 본다고 생각을 하면 못할 일이 없잖습니까. 그렇게 해서라도 상대를 얻는다면 그게 훨씬 더 큰 소득이지요. 사람 하나가 얼마나 중요한데요." 배 과장의 말에 모두들 동의하는지 고개를 끄덕입니다.

배 과장의 말을 빌리면 갈등을 푸는 길은 배려라고 하는군요. 배려와 친절, 서비스 마인드. 이러한 부분들이 얽히고설킨 문제들을 풀어주는 요소일 수도 있겠다는 생각을 해봅니다.

질문은 이렇게 서로 토론을 하게 해주고 해법을 찾게 해줍니다. 질문은 또한 나 자신의 근본적인 문제를 찾게도 해주는 것 같습니다. 갈등을 푸는 일도 중요하지만 나 자신을 찾는 일도 중요합니다. 우리가 끊임없이 해야 할 질문입니다.

- 나는 누구인가?
- 나는 무엇을 위해 태어났는가?
- 내가 잘하는 일은 무엇인가?
- 그 일을 하며 행복을 느끼는가?
- 이 사회를 위해 이바지한 일은 무엇인가?

'나는 누구인가?' 는 자신의 정체성을 묻는 질문입니다. '나는 무엇을 위해 태어났는가?' 는 사명을 찾는 질문이고요. '내가 잘하는 일은 무엇인가?' 는 자신의 강점을 발휘하며 효율적으로 살아가고 있는가? 하는 문제인 것 같습니다.

'그 일을 하며 행복을 느끼는가?' 행복은 인간의 궁극적으로 원하는 것입니다. 우리가 하는 일에서 행복을 느끼지 못한다면 영원히 행복하기는 어려울 것입니다. '이 사회를 위해 이바지한 일은 있는가?' 사람은 자신이 속한 지역사회를 위해서 봉사하고 나누고 이바지해야 합니다.

이와 같은 질문을 종종 던지고 답변을 함으로써 보다 성숙된 자신이 되어야 하겠습니다. 질문에 답변하는 과정 속에 우리는 성숙되어 갈 것입니다.

| 첫 눈에 '뿅' 가는 여인 |

소와 사자가 사랑을 했답니다. 둘이는 결혼을 했습니다. 얼마나 사랑했으면 소는 맛있는 풀을 먹지 않고 사자에게 줍니다. 사자는 맛있는 고기를 먹지 않고 또 소에게 줍니다. 서로 사랑하는 사이기 때문에 서로가 좋아하는 것을 상대를 위해서 아낌없이 바칩니다. 그런데 아이러니하게도 이 아낌없이 바치는 사랑 때문에 결국 이 둘은 헤어집니다.

소는 풀을 먹고 사는 동물입니다. 사자는 고기를 먹고 사는 동물입니다. 사자는 아무리 맛있는 풀을 갖다 줘도 먹을 수가 없습니다. 소는 또 아무리 맛있는 고기를 갖다 줘도 먹을 수가 없습니다. 서로 상대가 좋아하는 것이 무엇인지를 알고 그것을 해줘야 진짜 사랑이 아닌가 생각합니다.

평소 검은 소와 황소는 사이좋게 지냈습니다. 그런데 둘 사이에 우정이 사라지는 사건이 발생했습니다. 잔뜩 시장기를 느낀 사자가 공격을 하게 되었기 때문입니다. 황소는 '아무리 짐승의 왕인 사자라 하더라도 우리들이 협력하면 사자를 몰아낼 수 있다' 고 생각하였습니다. 그러나 검은 소는 '내가 먼저 살아야겠다' 며 도망을 갑니다. 결국 둘이 협력하지 못하여 모두 죽게 된다는 이야기입니다. 서로 협력하면 사자를 몰아내고 살 수 있음에도 불구하고 협력을 못하여 죽게 된다는 것입니다.

원숭이가 물을 먹는데 그 밑에 보니까 물고기가 있었습니다. "아이구, 불쌍하구나. 저렇게 숨을 못 쉬는 곳에서 있다니……." 원숭이는 그 물고기를 잡아서 나무 위에 올려놔 주었습니다. "여기서 시원하게 숨을 쉬며 우리 함께 놀자꾸나." 그러나 물고기는 숨을 못 쉬어 곧 죽고 말았습니다. 상대를 알고 그에 합당한 일을 해야 한다는 것입니다. 이것이 상대를 위해 주는 배려입니다. 이것이 또한 윈-윈 사회로 가는 방편이 아닐까요.

조그만 연못에 붕어 두 마리가 살고 있었습니다. 이들의 사이가 벌어진 것은 먹이가 부족해지면서부터였습니다. 빨간 붕어는 '저 흰 붕어만 없으면 내가 먹거리를 실컷 먹으면서 살 수 있을 것이다' 라고 생각을 했습니다. 그래서 어느샌가 흰 붕어를 견제하기 시작합니다. 결국 흰 붕어는 먹지 못해 죽었습니다. 빨간 붕어는 쾌재를 불렀습니다. "내가 이겼다! 아자. 아자. 파이팅!" 그러나 며칠이 지나자 죽은 흰 붕어의 시체로 연못이 오염되어 결국은 빨간 붕어도 죽고 말았습니다.

서로 같이 산다는 것이 쉬운 일은 아닌가 봅니다. 경쟁자가 죽으면 쾌재를 부를 일이 아니라, 그로 인해서 나도 죽어간다는 사실을 알아야 합니다. 경쟁자가 있기 때문에 내가 더욱 노력해서 활발해진다는 사실을 명심해야 하겠습니다. 청어와 메기 이야기를 알지 않습니까. 청어를 잡으면 성질이 급해서 곧바로 죽어버린다고 합니다. 그런데 청어의 천적인 메기를 한 마리만 청어들의 통에 딱 넣으면, 그 청어들은 살아남으려고 활발하게 돌아다닌다고 합니다. 그렇게 해서 어부들은 싱싱하게 살아있는 청어를 팔 수 있다는 것이지요.

천적이 없는 것을 좋아하지 마십시오. 우선은 편할지 모르지만 그 편함이 자신을 죽이고 있다는 사실을 명심하시기 바랍니다. 무사안일을 타파하십시오.

자, 이쯤에서 문제 하나를 풀어봅시다. 운전자를 제외하고 한 명을 더 태울 수 있는 차를 내가 운전하고 있습니다. 그런데 그 차 앞에 세 명이 서 있습니다. 몸이 아픈 할머니와 절친한 친구, 그리고 첫눈에 뿅~ 가는 여인, 이렇게 세 명이 서 있는데 여러분은 이들 중 누구를 차에 태우시겠습니까? 단, 한 명만 태울 수 있습니다.

몇 종류의 답이 나올 수 있을 것입니다. 강의 중에 물어보면 어떤 분은 첫눈에 뿅~ 가는 여인을 태우겠다고 하는가 하면, 또 어떤 분은 할머니를 태워야지 무슨 소리냐고 하기도 하지요. 우리의 정서로는 대부분 할머니를 태우겠다고 합니다. 일부 젊은 사람들은 첫눈에 뿅~ 가는 여인을 태우겠다고 하기도 하지만.

그런데 우리의 정서대로 몸이 아픈 할머니를 차에 태우고 보니, 첫눈에 뿅~ 가는 여인을 놓치고 싶지 않은 게 솔직한 심정이지요. 그런데 순간적으로 생각해보니 '아하!' 그것을 해결하는 방법은 차를 내가 운전해야 한다는 생각을 버리고, 친구에게 맡기는 겁니다. 그래서 그 친구로 하여금 할머니를 안전하게 모시도록 하고, 나는 내려서 첫눈에 뿅~ 가는 여인과 데이트하겠다가 정답에 가깝지 않을까 생각합니다. 이렇게 하면 할머니도 안전하게 모시고 여인도 내가 차지했기 때문에 양쪽 모두를 만족시켜 주는 것입니다.

이것이 우리가 원하는 창조적 공존사회로 가는 길이 아닌가 생각합니다. 우리는 할 수만 있다면 너도 좋고 나도 좋은 그런 삶을 살아야 하겠습니다. 공존의 사회야말로 우리가 지향해야 할 최고의 가치라는 생각이 됩니다. 우리가 도달해야 할 목적지가 아닌가 하는 생각이 듭니다.

| 화이부동 |

윈-윈 사회의 또 다른 표현은 화이부동이 아닌가 생각합니다. 화이부동!(和而不同), 서로 다르나 조화를 이룬다는 것을 말합니다. 얼마나 좋은 말인지 모릅니다. 우리는 다행스럽게도 각자가 다릅니다. 만일 서로가 똑 같다면 여러 해프닝들이 일어날 겁니다.

신랑이 바뀌고 신부가 바뀌는 일들도 종종 일어날 것이고, 또는 내 부모가 바뀌는 일들도 일어나지 않겠습니까? 다행스럽게도 모두가 다릅니다. 다르다는 것은 축복입니다. 그런데 우리는 다른 것 때문에 서로 저주하며 다른 것 때문에 갈등을 빚기도 합니다. 다름은 서로 조화를 이루며 살라는 조물주의 뜻이 아닐까요. 여기서 음양에 대한 이야기를 잠깐 해보겠습니다.

세상은 음양으로 구성되어 있습니다.
광물계는 음이온, 양이온으로 되어 있고,
식물계는 암술 수술로 되어 있습니다.
동물계는 암컷 수컷으로 되어 있고,
인간계는 여자와 남자로 되어 있으며,
우주계는 하늘과 땅으로 구성되어 있습니다.

이렇듯 모든 부문이 음양인 것은, 음과 양이 서로 다투지 말고 조화를 이루며 살라는 조물주의 섭리가 아니겠습니까. 힘이 있다고 해서 상대를 파괴해서 못살게 하면 다른 한쪽도 결국은 짝이 없어서 소멸되어 가는 것이 음양의 법칙입니다.

우리의 소중한 몸을 윈-윈철학을 바탕으로 풀어보겠습니다. 내 얼굴은 내 얼굴임과 동시에 내 파트너의 얼굴입니다. 오늘 내 얼굴에 위신을 깎이는 일을 하면 내 얼굴은 물론 내 파트너의 얼굴도 위신을 깎이게 된다는 것입니다.

내 몸은 내 몸이면서 내 파트너의 몸입니다. 따라서 이 몸은 매우 귀하신 몸으로 함부로 대해선 안 됩니다. 내 몸에 달려 있는 생식기는 내 것이면서 동시에 내 파트너의 것입니다. 내 몸에 달려 있다 해서 내 맘대로 흔들고 다니면 큰 코 다칩니다. 내 파트너를 위해서 자신의 생식기를 싱싱하게 관리하고 보관할 책임이 각자에게 있는 것입니다.

우리는 서로 다릅니다. 남자와 여자는 다릅니다. 이가와 김가도 다릅니다. 서로 다른 성씨와 이름, 다른 사람끼리 만나서 사는 것은 분명코 쉬운 일이 아닙니다. 더구나 다른 환경에서 자랐습니다. 생각도 다르고, 행동도 다르고, 배운 것도 다릅니다. 그럼에도 불구하고 조화를 이루며 살아가는 우리의 삶은 참으로 아름다운 삶입니다.

우리나라 상주인구가 5천만 명을 넘었다는 소식입니다. 경기도가 1,100만 명이 조금 넘고, 서울이 1,000만 명이 더 된다고 합니다. 인천까지의 수도권 인구가 우리나라의 인구 중 근 50%가 된다는 거지요. 우리나라에 와 있는 외국인이 약 110만 명이고 다문화 가정이 그들 중 대부분이라는 것입니다. 우리 한국인도 외국에 나가 있는 인구가 근 700만 명이나 된다고 합니다. 모두가 잘 어울려서 잘 살아야 할 텐데 하는 생각이 듭니다.

이제는 지구촌 시대입니다. 지구가 하나의 촌락처럼 가깝게 느껴지는 세상입니다. 지구 반대쪽에서 일어나는 소식들도 실시간으로 들을 수 있고 말할 수 있는 세상입니다. 이와 같은 세상에서 민족을 따지고 종족을 따지는 것은 별 의미가 없습니다. 이제 모두가 '하나' 처럼 살아가야 합니다.

그렇다고 해서 모두가 같아지자는 이야기는 아닙니다. 서로 다름을 유지해야 합니다. 다름 속에서 하나가 되는 것, 그것이 화이부동이 아닐까 생각해 봅니다.

빅톨위고는 어느 날 자신의 책을 출간한 출판사에 편지를 보냈습니다. 출판사가 편지를 받아보니 문장은 고사하고 글자 하나 없이 달랑 부호만 하나 표시되어 있었습니다. '?' 물음표 하나가 편지 내용의 전부였습니다. 무슨 뜻이었을까요? 최근 출간된 자신의 저서가 독자들로부터 어떤 반응을 얻고 있느냐는 궁금증의 표시였습니다. 저자로서는 당연한 관심이지요.

출판사가 회답을 보냈는데 그것을 뜯어보고 빅톨위고는 실로 마음이 흐뭇했습니다. 만족스러운 내용이었기 때문입니다. 그 회신 또한 아무 문장도 없이 부호 하나가 전부였습니다. '!' 감동스러울 만큼 반응이 좋다는 뜻이었겠지요. 과연 그 물음에 그 회신이었습니다. 아마 이보다 더 짧고 명쾌한 뜻이 담긴 편지는 세상에 없을 듯싶습니다.

오래전에 필자가 경험한 일입니다. 필자가 누구랑 통화하면서 "감사합니다. 감사합니다" 하고 전화를 받았던 모양입니다. 전화를 끊자 저의 집사람이 시비를 거는 것입니다. 무엇이 그렇게 감사한 일이 많으냐고 하는 것입니다. 제가 생각하기를 '아하, 이 사람이 벼가 익으려면 한참 걸리겠구나!' 라고 생각을 했습니다.

그래서 남들에게 강의를 하기 전에 집사람에게 짤막한 강의라도 해야 되겠다 싶어서 3분 스피치를 하기로 했습니다. 나중에는 3분 스피치가 1분 스피치로 바뀌고, 1분 스피치는 다시 제목을 말하면서 "강의

끝!” 하고 끝냈던 기억이 납니다. 예를 들면 오늘 강의는 ‘신나게 사는 법’ 이라고 말하면서 강의를 끝내는 것입니다.

부호 하나로 편지를 보내고 받는 빅톨위고와 출판사의 답신도 제치가 있지만, 제목을 말하면서 강의를 끝내는 나의 스피치도 전적으로 자의에 의한 것은 아니라 해도, 당시에도 또 지금에도 괜찮다는 생각이 듭니다.

치마와 스피치는 짧을수록 좋다고 했습니다. 레이건 대통령이 어느 행사에 참석을 했습니다. 그가 말을 길게 하자, 부인인 낸시 여사가 쪽지를 보냅니다. 쪽지에는 ‘KISS’ 라고 쓰여 있었습니다. 기자가 물었습니다. “영부인님, 아니, 밖에 나와서도 그렇게 Kiss를 하고 싶습니까?” 그러자 영부인의 대답은 “기자양반, 내 말은 그 말이 아니라네. ‘Keep It Short, Stupid.’ 짧게 해. 이 바보야”라는 뜻이라네.” 앞글자만 따면 KISS가 됩니다.

말을 짧게 하는 것도 일종의 기술입니다. 레이건 대통령은 부부금실이 좋았다고 합니다. 부창부수! 남편의 주장에 아내가 따르는 것이 부부화합의 도리라는 사전적인 뜻이 있습니다. 그러나 이제는 남편, 아내 할 것 없이 누구든 옳은 말에는 따라야 합니다. 그것이 서로를 위하며 존중하는 길이 아닌가 생각합니다. 부부상생의 길이기도 하지요.

여하간 ‘감사합니다’ 라는 필자의 전화응답 시비사건으로 ‘집사람은 뭐가 부족해서 제 강의를 들어야 하고, 저는 뭐가 잘나서 강의를 하나’

하는 생각이 들기도 했습니다. 제 자신이 반성하는 계기가 되었지요. 어떻든 이 사건은 저희들 자신을 더욱 성숙하게 해주지 않았나 싶습니다. 부부가 왜 중요한지, 가족이 왜 중요한지 등에 대해서 생각해보는 시간이 주어졌던 것입니다.

| 지속성장 |

우리는 반짝 성장했다가 소멸하는 그런 삶보다는 지속성장을 해야 하지 않겠습니까. 지금도 성장을 해야 하고 나중도 성장을 해야 합니다. 이 시대도 성장을 해야 하고 다음 시대도 성장을 해야 합니다. 이른 바 지속성장이 필요한 것이지요.

지속성장의 비결은 무엇일까요. 우주에는 9개의 행성이 있습니다. 수성, 금성, 지구, 화성, 목성, 토성, 천왕성, 해왕성, 명왕성이 있지요. 명왕성은 사라진다고 하니까, 8개의 행성이 있습니다. 이 8 행성이 몇 년 동안 살고 있느냐고 하면, 45억 년 동안 살고 있습니다. 앞으로도 45억 년을 더 산다고 합니다. 합이 90억 년을 살게 되는 것입니다. 100 년도 못사는 우리 인간의 시간개념으로 보면 몇 십억 년이라고 하는 시간 단위는 가히 영생이라고 생각지 않습니까. 우리 인간은 몇 번씩 죽었다 깨어나도 몇 십억 년이라고 하는 그 시간 단위를 체크할 방법이 없습니다.

그러면 이 행성들이 영원토록 사는 비결은 무엇일까요. 끌어당기는 구심력과 밖으로 나가려는 원심력의 절묘한 균형과 조화에 있다고 과학자들은 말을 합니다. 구심력은 리더십이요, 원심력을 활로십에 비유할 수 있을 겁니다. 다시 말하면 리더십과 활로십의 균형과 조화에 있다고 말할 수 있습니다. 이것이 지속성장의 비결이라고 할 수 있다는 것이지요.

우리 가정에서는 부모의 리더십과 자녀의 활로십의 조화가 필요합니다. 각 조직에서는 상사의 리더십과 부하의 활로십의 균형과 조화가 필요합니다. 절대 일방적이어서는 안 된다는 것입니다. 실제로 우리의 생활에서 보면 조화로운 조직이 성공하고 지속성장하는 것을 볼 수 있습니다. 조화로움, 이것이 윈-윈이 아니겠습니까.

옆에 누구랑 같이 있다면 두 분씩 짝을 이루어 두 손바닥을 마주 붙입니다. 밀었다 당겼다 하면서 복창합니다. "우리의 성공과 행복이 여기에 달려있다. 잘 끌고 잘 밀면 다 같이 성공한다. 다 같이 행복한다. 잘 끌고 잘 밀자. 잘 끌고 잘 밀자."

어느 부부가 있습니다. 부인이 남편에게 무슨 낌새를 챘는지 묻습니다. "자기, 결혼 전에 사귀던 여자 있었어? 솔직히 말해봐! 응?" "응, 있었지." "사, 랑, 했어?" "사랑했지." "그럼 뽀뽀도 해봤어?" "하, 그거야 기본이지."

이 부인은 갑자기 기분이 나빠집니다. 자기 남편이 다른 여자하고 이것저것 다 해봤다고 하니까요. 그러나 기분 나빠지는 것을 꾹 참고 한

마디 더 묻습니다. "그럼, 그 여자 지금도 사랑하겠네?" "그럼, 사랑하고말고, 첫사랑인데……." 첫사랑이라는 말에는 잘 참던 이 부인도 뚜껑이 확 열리면서 소리를 빽 지릅니다.

"그럼 그년하고 결혼하지, 왜 나하고 결혼했어. 이 웬수야!" 그러자 남자가 빙그레 웃으며 하는 말. "그래서 그년하고 결혼했잖아!" 여러분도 그년하고 결혼하셨습니까? 저년하고 결혼하셨습니까? 그년하고 하건, 저년하고 하건, 요년하고 하건 그건 자유인데 사랑하는 남자, 사랑하는 여자하고 하시라는 겁니다. 인터넷에 돌아다니는 유머를 인용한 말입니다만.

사랑, 리더십과 활로십의 조화, 구심력과 원심력의 조화! 이것이 지속성장의 비결이 아닐까를 생각해 봅니다. 균형과 조화를 이루지 못하면 그 사회는 위험할 것입니다. 어떤 구조물도 무너져버리고 말 것입니다. 마치 아이티의 지진처럼, 칠레의 지진처럼 주변을 쑥대밭으로 만들고 말겠지요.

있는 자와 없는 자, 가진 자와 못 가진 자 간의 조화가 필요합니다. 그러려면 있는 자는 없는 자를 배려해 주어야 합니다. 없는 자는 있는 자를 존중해 주어야 합니다. 서로 배려하고 존중해 줌으로써 지속성장을 해나가는 사회가 바람직한 사회가 아니겠습니까. 건강도 조화요, 부부간도 조화요, 노사간도 조화입니다. 조화가 곧 지속성장의 비결이라고 생각합니다.

세상 사람들은 서로 모르는 사람들끼리 어울려서 살아갑니다. 혼자서 살 수 있는 사람은 아무도 없습니다. 어울려서 산다는 것을 우리는 좀 유식한 말로 팀워크라고 하지요. 팀워크가 중요합니다. 가정도 팀워크이고, 조직도 팀워크이고, 크게 보면 나라도 팀워크입니다. 따라서 팀워크가 이루어져야 가정이 행복하고 조직이 성공하지 않겠습니까. 행복한 팀워크를 위해서는 어떻게 해야 할까요?

첫째, 서로가 즐거워야 합니다.
둘째, 서로가 격려, 화합해야 합니다.

그러기 위해서는 팀원 간에 자주 해야 할 것이 있습니다. 서로 친목을 도모하고 협력하고 격려, 칭찬해 주는 의미에서 아래와 같은 동작들을 자주 해주면 좋겠습니다.

첫째, 서로 마주 보고 앉아서 오른손 엄지손가락을 세우고 손바닥을 거의 펼친 상태에서, 서로 손바닥이 짝- 소리가 날 정도로 마주 잡습니다. 왼손도 똑같은 요령으로 해줍니다. 오른손, 왼손을 번갈아 가면서 잡아줍니다. 이것은, 우리는 서로 협력하는 부부를 뜻하고, 노사 간에 상생하는 관계를 말합니다. 상사와 부하 간에는 서로 친밀하게 협조가 잘되는 관계를 말합니다.

둘째, 이번에는 두 발짝씩 떨어져서 섭니다. 두 손바닥을 마주 붙입니다. 마주 붙인 두 손을 좌우로 천천히 밀어내면서 내 상체는 앞으로 천천히 숙입니다. 내 코와 상대의 코가 맞닿기 전에 내 머리를 좌측으로 5도만 틀어서 계속 숙입니다. 내 턱이 상대의 오른쪽 어깨에 닿을 때까지 계속 숙입니다. 다 닿았으면 두 팔로 상대를 감쌉니다. 똑! 똑! 두들기면서 말해줍니다. "우리는 하나~."

셋째, 자, 두 분씩 마주 섭니다. 오른손 악수를 합니다. 그 위에 왼손 악수를 합니다. 두 손을 맞잡은 채 높이 번쩍 듭니다. 한 사람이 자기 손 밑으로 들어가면서 돌면 상대는 톱니바퀴 모양으로 따라 돕니다. 세 바퀴 돕니다. 이번엔 반대로 돕니다. 시원하시지요? 온 몸의 근육들이 쫙쫙 늘어나면서 키가 커지는 느낌도 들고, 춤추는 느낌도 들고, 좌우간 좋습니다.

넷째, 서로 포옹합니다. 자, 느껴봅니다. 이 마음과 저 마음이 '교류' 하는 것을 느껴보시기 바랍니다. 이 마음과 저 마음이 '사랑' 하는 것을 느껴보시기 바랍니다. 이 마음과 저 마음이 '감사' 하는 것을 느껴보시기 바랍니다. 이 마음과 저 마음이 '축복' 하는 것을 느껴보시기 바랍니다. 이 마음과 저 마음이 얼마나 '뜨거운가' 를 느껴보시기 바랍니다. 이 마음과 저 마음이 '고동' 치는 것을 느껴보시기 바랍니다. 이 마음과 저 마음이 가슴에서 '뛰는 피' 를 느껴보시기 바랍니다.

뛰는 피가 뜨거운 집단은 문제가 없습니다. 포옹을 자주 하는 조직은 피가 뜨겁습니다. 피가 뜨거우면 활발합니다. 활발하면 일이 잘 됩니다. 발전과 번영을 가져옵니다. 따라서 포옹을 자주 할수록 좋겠지요. 그런 가정은 아이들도 건강하게 잘 자랍니다. 가출하지도 않고 공부 잘 하며 친구관계도 좋습니다. 아주 원만한 생활을 합니다.

실험을 해보았답니다. 쥐가 여섯 마리 새끼를 낳았는데 세 마리씩 두 개의 그룹으로 나누었습니다. 젖은 똑같이 먹이도록 하고 핥아주는 것만 다르게 하였습니다. 즉 세 마리는 어미가 핥아주지 못하도록 하였습니다. 핥아주는 그룹과 핥아주지 못하는 그룹 간에는 성장에 차이가 있었습니다. 더구나 창의력에도 적지 않은 차이가 있음을 알았습니다.

미로 찾기를 하는데 어미가 잘 핥아준 새끼들은 요리저리 빠져나가면서 저 끝에 가서 먹이를 먹는 반면, 어미가 핥아주지 않은 새끼들은 미로 찾기를 못 하더라 이 말입니다. 그들의 머리를 해부해서 보았더니 어미가 잘 핥아준 새끼들은 골이 꽉 찬 반면, 어미가 핥아주지 않은 새끼들은 골이 엉성해서 많이 비어 있더라고 합니다. 아하, 골이 빈 새끼들은 창의력도 많이 떨어진다는 것을 알았습니다. 핥아주는 게 무엇입니까. 사람으로 치면 그게 포옹이요, 스킨십이 아니겠습니까.

스킨십과 포옹과 칭찬은 행복한 팀워크를 위해서 꼭 필요한 요소라는 것을 잊지 말아야 하겠습니다. 우리의 건강한 조직을 위하여 파이팅!
(160p, 포옹하기 참고)

5장
위기극복의 지혜

5장
위기극복의 지혜

언젠가 신문에서 봤던 기억이 납니다. 이집트에 가면 흔히 두 번 놀란다고 합니다.

첫 번째는 기원전 약 2천5백 년 전에 건립했다는 피라미드를 보면서 놀랜다는 이야기입니다. 기원전 2500년이면 지금부터 약 5천 년 전으로서 우리나라 역사와 맞먹는 기간입니다. 우리의 고조선이 태어날 당시에 건립된 구조물이 반만년의 풍상 속에서도 의젓하고 웅장한 모습으로 눈앞에 펼쳐지는 광경을 보면서 놀라지 않을 사람은 아무도 없을 것입니다.

두 번째는 관광객들이 버스에서 내리기 시작하면 아이들이 우르르 몰려드는 광경을 보면서 놀란다는 것입니다. 왜 아이들이 몰려들까요? 사람 구경하기 위해서일까…….

필자의 청소년시절이 생각납니다. 지금부터 한 세대도 훨씬 전의 일입니다. 가끔 미군들이 지프차를 타고 우리 마을을 지나가곤 하였습니다. 마을 뒷산에 가면 꿩들이 많기 때문에 그 꿩을 사냥하기 위해서 필자의 마을을 지나가곤 하였던 것입니다.

우리는 미군들이 왔다는 소식을 들으면 모든 일 제쳐놓고 그들을 따라다니곤 하였습니다. 그때 그들에게 했던 세 마디 말이 생생하게 떠오릅니다.

"헬로우! 비스케트 완 기브 미."
"헬로우! 쪼코레트 완 기브 미."
"헬로우! 시가레트 완 기브 미."

순전히 한국식 발음이지만 그들은 무슨 말인지를 알아듣고 가끔 초콜릿이나 비스킷을 건네주면, 우리는 맛있게 받아먹곤 하였습니다. 이집트에서도 이와 비슷한 일들이 벌어지고 있다는 이야기입니다. 물론 몇 년 전 이야기지만, 5천 년 전의 조상들은 5천 년 이상 가도 거의 끄떡없는 구조물을 건립할 정도로 앞선 기술을 가지고 잘 살았는데, 그 후손들은 관광객들에게 손을 벌려야 할 정도로 빈곤해진 걸 보면서 관광객들은 착잡해진다는 이야기입니다.

그러나 어떻게 보면 이러한 변화는 당연한 것인지도 모릅니다. 조상이 잘 살았다고 후손도 잘 살아야 한다는 법은 없기 때문입니다. 반대로 조상이 못살았다고 해서 후손도 가난하라는 법도 없는 것입니다. 문제는 오늘 우리 삶의 태도와 자세에 따라 이 모든 것이 결정된다는 사실을 인식하는 일입니다.

시대흐름에 어떻게 응대하느냐에 따라 흥망성쇠가 달려있는 것입니다.

| 태도의 중요성 |

인간은 태도가 참 중요합니다. 어떤 사람의 태도를 보면 그 사람을 알 수 있습니다. 그 사람의 거의 모든 것이 태도로 보여지기 때문입니다. 누군가의 말을 빌리면 태도는 마치 우주선의 발사대와 같다고도 합니다. 발사대가 삐딱하게 있으면, 아무리 우주선을 쏘아도 그 우주선은 우주로 진입하지 못한다는 것입니다.

여기 어느 외국인이 개발한 태도에 관한 재미있는 내용이 있습니다. 알파벳 26 글자에 각 글자마다 숫자를 대입합니다. 처음부터 A는 1, B는 2, C는 3으로 해서 쭉 나가면 Z는 26이 되겠지요. 그런 다음 알파벳 단어의 숫자의 합이 100이 되는 단어를 찾는 겁니다.

그 단어를 찾으면 100점짜리 인생이 된다는 것인데요. 우리 같이 한

번 찾아볼까요? "Hard Work!" hard work은 모두 더하면 98점입니다. 열심히 일하는 것은 참으로 중요합니다. 열심히 일하는 자를 따를 자는 없기 때문입니다. 그러나 열심히만 하면 100%는 아니라는 것입니다. 열심히 하되 부족한 2%를 더해야 한다는 것입니다. 그 2%가 무엇일까요?

그러면 'Leadership' 은 어떤가요? 89점입니다. 리더십이 얼마나 중요합니까? 그런데 이것만 있어도 안 되는 모양입니다. 100%에서 11%가 모자랍니다. 그 모자란 것은 무엇일까요?

'Knowledge' 는 어떨까요? 피터 드러커 교수는 "21세기는 지식시대라고 말을 합니다." 경영자는 지식경영자가 되어야 하고, 근로자는 지식 근로자가 되어야 한다는 것이지요. 지식이 있어야 살아갈 수 있다는 뜻입니다. 그러나 지식도 96점밖에 안 나오는 것을 보면 이것만 가지고도 안 되는 모양입니다. 여기에다가 무엇을 더해야 한다는 뜻입니다. 지식에다가 무엇을 더해야 할까요?

그러면 'Money' 는 어떨까요? 예, 머니도 72점밖에 안 됩니다. 돈만 있어도 안 되는 모양이지요? 그러면 100점짜리 단어는 무엇인가?

네, 'Attitude!' 즉 태도라는 뜻입니다. 이 단어를 보면 A는 1, T는 20으로서 모두 쭉 더하면 합계 100이 됩니다. 태도가 참으로 중요하다는 뜻입니다. 실제로 우리는 사람을 뽑을 때 면접을 봅니다. 면접을 보면 그 사람의 태도를 알 수 있지요. 태도를 보면 그 사람이 어떤 사람인가 하는 것을 어느 정도 파악할 수가 있습니다.

태도가 좋은 사람은 그 내면도 좋을 가능성이 많은 반면, 태도가 나쁜 사람은 내면도 안 좋을 가능성이 많습니다. 그래서 태도는 중요한 것입니다.

태도는 사실을 능가합니다. 지금은 위기의 시대입니다. 위기는 사실입니다. 그러나 위기를 극복하고자 하는 의지와 용기, 자신감 등은 태도입니다. 여러분, 여러분의 태도는 어떻습니까? 위기의 시대를 극복하고야말겠다는 의지가 있습니까? 용기와 자신감이 있습니까? 그러면 위기는 반드시 극복이 될 것입니다.

태도는 열심히 하는 것보다도 중요하고, 리더십보다도 중요하고, 지식보다도 중요합니다. 또한 사실보다도 중요합니다. 왜냐면 태도는 이들 이전의 근본적인 문제이기 때문입니다. 여러분의 태도가 여러분이 일하는 현장에서 고객에게 보여지고 있다는 사실을 명심하시기 바랍니다. 그리고 그 고객으로 하여금 일일이 평가받고 있다는 사실도 잊지 마시기 바랍니다.

| 타산지석의 변화 |

우리가 정말로 자신을 바꾸고자만 한다면 그 자료나 모델은 우리 주변에 얼마든지 있습니다. 자신이 날마다 대하는 사람이나 가끔 만나는

지인들이 나의 변화에 좋은 모델이 되기 때문입니다. 그들의 인품이 훌륭하면 나도 그들을 배워서 훌륭할 수 있습니다. 반대로 그들의 인품이 미천하면 나도 그럴 가능성이 많습니다.

많은 어머니들은 딸들에게 '너는 나처럼 살지 마라'라고 한다는데 용케도 그 딸들은 어머니와 똑같은 과정을 밟는다고 합니다. 평소 보아온 과정이 잠재의식에 입력되었다가 자기도 모르게 실천해 가는 것입니다. 따라서 지금의 우리 자신은 주변의 누군가에게 긍정적이든 부정적이든 영향을 미치고 있다는 사실을 감안할 때 책임감을 가져야 할 것입니다.

그런데 이와는 다른 경우도 드문 일이지만 있기는 있습니다.

필자가 아는 어느 가정의 아버지는 술로 날을 지새우다시피 하다가 돌아가셨습니다. 오래전의 이야기인데 그 가정은 온 식구가 가장의 주사 때문에 고생한 것은 물론입니다. 그런데 그 가정의 아들은 신기할 정도로 이러한 어려움을 잘 극복해서 훌륭하게 사회생활을 해나가고 있습니다. 그의 말을 들어봅시다. "나는요. 아버지의 술주정을 볼 때마다 이를 악물며 '나는 저러지 말아야지' 하는 결심을 했습니다." 감수성이 예민한 사춘기 시절에 나는 커서 저러지 않겠다는 계속된 결심이 불우한 환경을 극복하게 했던 비결인 셈입니다.

또 이런 경우도 있습니다. 어느 노인프로그램을 보는데 어느 가정에 시집온 아주머니가 시어머니의 구박에다가 남편의 주사와 노름으로 참

고생을 많이 했습니다. 이제 시어머니와 남편은 돌아갔습니다. 그 시어머니와 남편이 얼마나 구박을 했던지 죽어도 눈물이 안 나더라는 것입니다.

사회가 묻습니다. "다시태어나면 무엇으로 태어나고 싶습니까?" 그녀는 말합니다. "구름으로 태어나고 싶습니다. 하얀 구름요." 그래서 실컷 두둥실 떠다니면서 여기저기 구경이나 한번 해봤으면 좋겠다고 합니다. 이제 그분도 며느리를 보았습니다.

사회가 또 묻습니다. "자신의 시어머니와 남편에게 4~5십 년 동안 구박을 당했으니, 자기 자신도 며느리를 구박하고 싶지 않으냐?" 그러자 그 할머니는 자신 있게 대답을 합니다. "나는 구박을 하지 않겠다고 다짐했습니다. 절대 구박을 하지 않는다고 말입니다." 그녀의 표정을 보면 진심이 담긴 말인 듯했습니다. 우리는 보통 구박당하면 구박한다고 하는데, 그것도 사람 나름인 것 같습니다.

열악한 환경이라 좌절하거나 너무 고통스러워하지 마세요. 굳은 의지와 결심을 할 수만 있다면, 나쁜 습관의 대물림을 차단할 수 있음을 보여주는 사례가 얼마든지 있기 때문입니다.

타산지석으로 사는 생활자세가 중요합니다. 남의 안 좋은 자세나 태도를 보면 '나는 저러지 않겠다' 라는 각오가 필요합니다. 또한 남이 잘하는 일을 보면 '나도 저래야지' 하는 벤치마킹이 우리의 삶을 발전시켜 가는 것이 아닌가 생각합니다. 주변의 모든 것을 변화의 타산지석으로 삼으십시오.

| 사명의 발견 |

사명의 발견! 참 멋진 이야기라고 생각됩니다. 우리는 모두 자기에게 주어진 역할이 있지요. 그 역할을 찾는 것이 사명의 발견입니다. 사명을 발견하는 순간, 우리는 세 번째 눈을 뜨게 된다고 합니다.

첫 번째 눈을 뜨는 것은 결혼할 때입니다. 결혼은 성인이 되어서 철이 들어간다는 이야기지요. 둘이 만나서 가정을 이루고 가장이라는 개념도 이때 등장하게 됩니다. 두 번째 눈을 뜨는 것은 언제인가요? 온몸을 던져서 했던 일이 안됐을 때입니다. 사업이 망해서 눈물 젖은 빵을 먹어본 사람만이 인생을 안다는 이야기도 있습니다. 그때 우리는 두 번째 눈을 뜬다고 합니다. 세 번째 눈을 뜨는 것은 언제일까요? 예, 사명을 발견할 때라고 합니다. 사명을 발견하는 순간 완전히 철이 든다는 이야기입니다.

그만큼 사명의 발견은 어려운 일인지 모릅니다. 시집장가를 가고 사업의 흥망성쇠를 겪은 후에야 세 번째 눈을 뜬다는 이야기가 있는 것을 보면 알 수가 있지요.

40~50대에 목사가 되거나, 신부가 되거나, 스님이 되는 분들을 보면 그분들은 뒤늦게 사명을 발견한 데서 비롯되지 않았나 하는 생각이 듭

니다. 따라서 당신의 사명을 발견하는 순간은 완전히 철이 든 순간으로서 당신의 일생에 잊을 수 없는 일이 될 것입니다.

우리 모두는 조물주가 불러서 왔습니다. 자의로 태어난 사람은 아무도 없습니다. 조물주가 부를 때는 이유가 있습니다. "너는 무엇을 하라, 너는 무엇을 해라" 하는 역할이 주어져 있는데 이것을 사명이라 합니다. 하늘이 불러서 심부름을 시킨다는 뜻이지요. 이 사명대로 살면 죽을 때도 원이 없다고 합니다.

사명을 정립하고, 비전과 목표를 설정하고, 그것을 이루려는 끊임없는 노력이 필요하다는 생각이 듭니다. 그 과정에서 인간관계가 필연적으로 대두되는데, 인간관계는 조화가 있어야 합니다. 아니 모든 관계가 조화가 아닌가 하는 생각이 듭니다.

여기 부분과 전체의 조화와 관련된 재미있는 이야기가 있습니다. 우리 손에 관한 이야기입니다. 엄지손가락이 자신의 손가락을 내보이며 말을 합니다. "내가 단연 최고야!"라고요. 그러자 엄지의 위세에 눌렸는지 약간 주저하던 검지가 말합니다.

"뭔가를 가리킬 때는 나를 쓰잖아. 그러니 내가 최고야!" 그 말을 듣고 있던 중지가 어이없다는 듯이 껄껄껄 웃으며 말을 합니다. 긴 손가락을 까딱까딱하면서 당당하게 얘기를 합니다. "너희 중에 나보다 긴 놈 있으면 나와 보라 그래! 내가 최고지!" 그 말끝에 할 말이 없을 것 같던 약지가 빙긋이 웃으면서 나섭니다.

"형, 쓸데없이 길기만 하면 뭐해? 내가 없으면 결혼반지를 낄 수가 없잖아. 그러니 내가 최고야!"라며 의기양양해 합니다. 형들이 모두 자기 특성을 내세우며 각기 자기가 최고라고 하는 말을 듣고 있던 막내 새끼손가락은 할 말이 없었습니다. 그런데 가만히 생각해보니 자기에게도 특성이 있음을 알아냈습니다. 그래서 자신 있게 외칩니다. "귓구멍과 콧구멍이 가려울 때는 내가 최고지! 하하하!" 이 5형제 모두가 각기 자기가 잘났다고 주장하는 말을 묵묵히 듣고 있던 몸통 손바닥이 한마디 합니다.

"너희들 웃기지도 않는구나. 모두 어디에 붙어있니? 내가 없으면, 이 몸통이 없으면 붙어있을 때가 없잖니? 그러니 단연코 내가 최고지!"

그러자 다섯 손가락이 모두 앞으로 허리를 굽혀 절을 하며 "아이구, 죄송합니다. 몸통형님!"이라고 했답니다. 그때부터 이 다섯 손가락은 모두 앞으로 구부리게 되었다고 하는 우스갯소리를 들은 기억이 납니다. 또한 이 손가락 5형제 모두가 힘을 합쳐 주먹을 쥐면 엄청난 파워가 생깁니다. 팀워크의 힘이 대단하지요.

사람도 마찬가지입니다. 뚱뚱하면 뚱뚱한 대로 홀쭉하면 홀쭉한 대로, 길면 긴 대로 짧으면 짧은 대로 다 쓸모가 있습니다. 제가 지방을 자주 다니는데 자연을 보면 50만 종류의 식물들이 서로 다름 속에서 어울리며 자연스럽게 살아갑니다. 그걸 보면 한없이 사랑스럽고 감사하게 생각합니다.

그럼 나의 사명은 무엇일까. 1m 71cm의 키에 72kg의 몸무게를 갖고 있는 나에게도 사명이 있을 텐데……. 오랜 숙고 끝에 이렇게 정했습니다. 간단합니다.

"언제, 어디에서나 필요한 사람이 되자!"

여러분의 사명은 무엇입니까. 여기 간디의 사명을 보도록 하겠습니다.

"매일 아침 일어나자마자,
다음과 같이 결의할 수 있게 해 주소서.
나는 지상의 어느 누구도 두려워하지 않을 것이다.
나는 오직 신만을 두려워할 것이다.
나는 누구에도 악한 마음을 품지 않을 것이다.
나는 누가 뭐래도 불의에 굴복하지 않을 것이다.
나는 진실로 거짓을 정복할 것이다. 그리고,
거짓에 항거하기 위해 어떤 고통도 감내할 것이다."

| 분위기의 힘 |

내가 아는 어느 기업의 회장이 있습니다. 그분은 어려서 고생했지만 사업을 크게 일구어서 지금은 누구도 부럽지 않습니다. 기존의 사업을 모태로 해서 많은 돈을 모았습니다. 이제 시기적으로나 아이템상으로 변신을 하지 않으면 안 되는 시기가 왔습니다.

그래서 몇 년 전에 과감히 모 버스회사를 인수했습니다. 인수하고 나서 조금 어려움이 있었지만 이제 고비를 잘 넘겼습니다. 영업이익이 많이 납니다. 수출도 많이 합니다. 기존에 해외에 갖고 있던 다수의 법인체를 잘 활용했습니다. 그리고 지게차 회사도 인수를 했습니다. 그놈도 잘 나갑니다. 컴퓨터 부품제조업체도 인수를 했습니다. 그놈도 잘 됩니다. 모 방송국도 인수를 했습니다.

안 되던 회사를 인수하면 잘 되는 이유가 뭘까요? 물론 안 될 수도 있지만 잘 될 수도 있습니다. 우선 분위기가 중요합니다. 문화가 중요합니다. 문화를 바꾸는 것입니다. 잘 되는 방향으로 문화를 바꾸어가는 것입니다. 여기에는 한 분 한 분의 의식의 변화가 중요합니다. 오너의 솔선수범도 필요합니다.

서두칠 사장이 한국전기초자를 살려낸 일은 유명한 일화입니다. 1997년 6월 미국의 부즈 알렌 헤밀턴이 컨설팅을 했는데 두 손 두 발다 든 회사였습니다. 살아날 가망이 없는 회사라 했습니다. 매출액이 2,377억 원, 부채비율이 1,114%, 당기순이익이 마이너스 600억 원, 영업 이익률이 마이너스 12%가 일 년 만에 영업이익률이 17%, 당기순이익이 305억 원, 부채비율이 174%, 매출액이 4,842억 원으로 살아났습니다.

1년 만의 일입니다. 물론 다 죽은 사람을 살려내는 데는 적지 않은 노력과 피눈물 나는 투쟁이 있었음은 물론입니다. 회사 살림의 투명성이라든지, CEO의 리더십이라든지 필요한 게 많지만 문제는 문화를 바꾸는 것이라고 생각을 합니다. 그게 수월한 일은 아니지만 새로운 기분으로 새롭게 한번 해보는 것입니다.

이 새로움(일종의 혁신)이 분위기를 일신하고 새로운 문화를 형성하는데 도움이 되는 것은 물론입니다. 새로운 분위기가 새롭게 갈 수 있도록 구성원 모두가 함께하는 일이 중요합니다. 또한 팀워크가 필요합니다. 여기에는 CEO의 리더십과 구성원의 활로십이 무엇보다도 중요하겠지요.

지금 어렵습니까? 한 발짝도 앞으로 나갈 힘이 없습니까? 그러나 두 주먹을 불끈 쥐고 일어서야 합니다. 당신을 믿고 당신에게 기대는 사람들이 많습니다. '나는 할 수 있다'고 생각을 하면 할 수 있습니다. 우리 몸은 할 수 있는 쪽으로 움직입니다. 긍정성에 의해 움직이는 것입니다. 긍정성은 누가 주는 것이 아니라 나 스스로 만드는 것입니다. 내면에서부터 꿈틀대는 그 무엇이 있습니까? 그게 긍정성입니다.

그러나 긍정성은 터무니없이 오진 않습니다. 마음의 준비가 필요합니다. 준비가 되었을 때 긍정성이 작동하는 것입니다. 긍정성은 창의력을 낳고, 창의력은 도전성을 낳고, 도전성은 성과를 낳습니다. 성과는 다시 긍정성을 낳으면서 선순환이 되어가는 것입니다. 이것이 지속성장의 한 방법이라고 생각을 합니다.

대부분의 CEO들은 "Follow Me."라 하는데 서두칠은 말합니다. "Let's go." 보상을 위해 일하는 열 사람보다 재미에 빠져 일하는 한 사람이 더욱 소중하다고 합니다. 즐겁게 일하는 사람이 필요하다는 것이 지요. 여러분은 어떻습니까? 즐거운 분위기를 연출하는 '분위기 메이 커' 들이 되시길 소망합니다.

| 두려움 속의 용기 |

"우리가 유일하게 두려워해야 할 것은 두려움 자체입니다. 두려움은 퇴보를 전진으로 변화시키는 데 필요한 노력을 마비시키는 놈입니다. 그것은 이름도 없고 합리적이지도 않으며, 무엇보다도 정당화될 수 없 는 테러와 같습니다. 우리나라는 국가 위기에 처할 때마다 정직하고 강 력한 지도자와 그를 지지하고 신뢰하는 국민들이 함께 힘을 합쳐 승리 를 일궈냈습니다. 나는 지금처럼 어려운 시기에 국민 여러분께서 다시 한 번 그와 같은 지지와 신뢰를 던져주실 것이라고 확신합니다."

1930년 당시 미국은 지금처럼 대공황 상태였습니다. 루즈벨트 대통 령이 취임사에서 미국 국민에게 호소한 내용입니다. "우리가 두려워해 야 할 것은 오직 두려움 그 자체(The only thing we have to fear is fear itself)라며 미국인에게 희망과 용기를 불어 넣었습니다.

두려움을 떨치고 일어서라는 내용입니다. 사실 어떤 일이 닥치면 거 의 모든 사람들이 두려움에 떱니다. 그러나 그 두려움 속에서도 용기를 가지고 전진하는 사람이 있는가 하면, 그 두려움 때문에 주저앉는 사람 도 있습니다.

용기를 가지고 도전하는 사람은 두려움이 없기 때문이 아니라 두려움 속에서도 '한번 해보자'는 용기가 있었기 때문인 것입니다. 지금 두렵습니까? 두려워도 한번 해보자고 나서십시오. 상대도 두려운 것은 마찬가지입니다.

1977년이던가요? 남미 파나마에서 복싱선수 홍수환 선수가 상대인 카라스키야에게 4번 다운되자 헤드코치에게 말합니다. "아이구, 나 지쳐서 도저히 못하겠습니다." 그때 헤드코치가 뭐라 했습니까? "야! 이 자식아, 저 놈은 더 지쳤다." 그 한마디를 듣고 힘을 내서 홍수환 선수가 돌진해서 상대 선수를 KO시켰습니다.

미 해병대의 전설적인 장군인 체스터 풀러 장군은 그의 부대가 적에게 완전히 포위되자 이렇게 말했습니다. "우리는 포위됐다. 덕분에 문제는 간단해졌다. 이제 우리는 모든 방향으로 공격할 수 있게 됐다." 얼마나 긍정적입니까. 인생은 해석입니다. 해석을 어떻게 하느냐에 따라 힘이 나기도 하고, 힘이 떨어지기도 합니다.

똑같은 상황이라면 해볼 만하지 않습니까. 그 다음은 조금 더 노력하는 것입니다. 상대가 땀을 열 바가지 흘리면 나는 열다섯 바가지 흘린다는 각오가 필요합니다. 문제는 실천이요, 행동입니다. 행동을 보여야 합니다. 이런 말이 있지요. '1톤의 생각보다 1그램의 실천이 중요하다'는 말.

두려움 속에서도 과감히 일어서는 분들이 되시기 바랍니다.

| 리더십의 발휘 |

누가 인디언 추장에게 물었습니다. "추장님, 추장에게 부여된 특권은 무엇입니까?" "네, 전쟁이 일어나면 맨 앞에 서는 것입니다." 참 의미 있는 대답입니다. 나부터, 리더부터, 가진 자부터 솔선수범하는 정신이 필요한 때라는 생각이 듭니다.

이와 같은 일이 전 사회적으로 실행된다면 우리 사회는 좀 더 살기 좋은 사회, 더불어 사는 사회, 아름다운 사회가 되지 않을까 싶습니다. 리더십의 발휘는 타인에게 영향을 미치는 것이 아니라, 바로 나부터 솔선수범하는 정신이라고 생각합니다. 영향을 미쳐도 솔선함으로써 영향을 미쳐야 한다는 것이지요.

우리는 리더십이라고 하면 타인에게 어떤 지시를 함으로써 영향을 미친다는 생각을 하는데, 그것보다는 솔선수범하는 정신이 무엇보다도 필요하다고 생각합니다. 서양에 있는 '노블리스 오블리주' 정신이 참다운 리더십인 것입니다.

'궂은일일수록 나부터 하자' 는 것입니다. 좋은 일은 상대에게 하도록 하고 나쁜 일은 내가 나서는 것입니다. 이것이 바로 참다운 리더십입니다. 그런데 우리는 좋은 일은 내가 독차지 하고, 나쁜 일이나 궂은 일은 상대에게 은근히 하도록 권하는 그런 경향이 있는 것 같습니다.

이것은 리더십이 아닙니다. 특히 상사가 부하의 공을 가로채는 일들이 있는데, 이것은 비열한 일입니다. 상사가 좀 모자랄수록 그와 같은 일들이 빈번이 일어납니다. 그러나 시간이 지나면 대개는 알게 되지요. 그러니 부하는 너무 속상해 하지는 말자는 것입니다.

우리는 윈-윈 사회를 만들어 가야 합니다. 윈-윈 사회는 함께 가는 사회입니다. 동행하는 사회입니다. 그냥 물리적인 동행이라기보다는 행복한 사회라는 목적을 향하여 함께 걸어가는 것입니다. 이러한 모습들이 선진사회를 구성하는데 없어서는 안 될 중요한 요소일 것입니다.

우리는 이미 다문화 가정생활을 하고 있습니다. 경기도 안산(역)에 가면 외국인들이 참 많습니다. 10명 중에 9명은 외국인으로 보일 정도입니다. 그 동네를 쭉 돌아보는데 내가 외국에 온 것이 아닌가 하는 착각이 들 정도였습니다. 가게도 외국풍이요, 사람도 외국산입니다. 그런데 상당히 활발한 느낌이 들었습니다. 좋은 일이지 뭡니까?

이 사회에 사는 외국인들도, 당연히 우리가 모두 보듬어야 할 대상입니다. 보듬는 데는 '함께 정신'이 최고지요. 함께하고자 하는 마음만 있어도 위안이 됩니다. 우리는 외톨이가 아니라 우리와 함께하는 이들이 있다는 생각만 해도 참 든든하지 않습니까. 참다운 윈-윈 사회, 선진 사회는 리더들이 솔선수범하고, 모두가 함께하는 동행정신으로 건설되었으면 합니다.

가족은 필자의 최후의 보루입니다. 가족지간에는 서로 용기를 북돋고 격려해주고 희망을 이야기해야 합니다. "당신은 해낼 수 있어! 꼭 해내고 말거야. 왜냐면 당신에게 힘을 주는 내가 있고, 아이들이 있잖아!"

세상은 가족이 있음에 그 힘으로 살아갑니다. 그 힘으로 열심히 일을 합니다. 가족의 얼굴만 떠올리면 저절로 힘이 샘솟습니다. '사랑하는 당신, 우리 아이들, 존경하는 부모님!' 이 분들이 있음에 우리는 용기를 내서 일을 하는 것입니다. 만일 가족이 없다면 어떻게 될까요? 힘이 안 나겠지요. 용기도 안 나겠지요. 자신감도 없겠지요. 가족은 필자가 책임과 의무를 다하도록 때론 채찍을 보내주고, 때론 용기와 격려를 해주기도 합니다.

필자에겐 노모가 있습니다. 고향에서 살고 있지요. 노모를 생각하면 힘이 납니다. 그러나 한편으로는 죄송하게 생각합니다. 편히 모시지 못해서요. 필자가 모신다 해도 지금 계신 것보다 더 편할 수가 없기 때문에 그냥 계심을 어머님은 어렴풋이나마 아십니다.

"우리 어머니, 참 고생 많이 하셨지요. 동네 분들이 다 압니다. 그래요. 어머님의 고생한 덕분에 아들이 이 정도나마 행세하는지 모릅니다. 어머니, 어떤 일이 있어도 나는 포기하지 않습니다. 어머님은 늘 말씀하셨습니다. '인생은 습관이다. 좋은 습관을 기르도록 하여라' 라고요. 어머님 덕분에 아주 좋은 습관을 갖고 있지요. 아침에 일찍 일어나는 습관, 밥을 맛있게 먹는 습관, 긍정적인 사고의 습관, 칭찬하는 습관, 인사 잘하는 습관, 바른 자세를 갖는 습관 등이 있습니다.

이런 습관은 나의 모든 일을 성공적으로 추진하게 하는 데 많은 도움을 주고 있습니다. 어머니, 고맙습니다. 사랑합니다. 반드시 지금의 위기를 기회로 전환할 것입니다. 그래서 나의 꿈을 달성할 것입니다. 오늘도 어머니 덕분에 열심히 고객들을 만나면서 신나게 뛰어다니고 있습니다. 어머니, 사랑합니다. 고맙습니다. 어머님의 늠름한 아들이!"

또 사랑하는 아내가 있습니다. "당신, 참 수고가 많지요. 얼마나 고생을 하는지 내 짐작은 하오. 그러나 묵묵히 잘 참아주는데 늘 고마움을 느끼고 있어요. 내 보답하리다. 지금까지 고생하며 살아온 그 마음에 반드시 보답을 하리다. 멀지않은 장래에."

사랑하는 작품이 있습니다. 필자는 자식들을 작품이라 부릅니다. 큰 작품은 저 멀리 외국에 가 있지요. 작은 작품은 초등학교 교사로 재직하고 있고요.

"내 작품들아! 사랑한다. 풍족하지 못한 가정에서 태어나 남들처럼 이것저것 다 해주지 못해서 미안하구나. 그런데도 잘 자라 주어서 고맙다. 이제 아버지는 너희가 큰 힘이 된단다. 나에게 없어서는 아니 될 큰 힘이 되는 아들들! 너희 덕분에 이 아버지는 오늘도 열심히 일을 한단다.

나는 아직 건강하다. 갈수록 건강해지고 있고, 가정경제도 나아지고 있고, 여러 면으로 점점 발전하고 있지. 물론 한때 하던 일이 잘못됨으로 인해 어려움도 많았지. 그 덕분에 너희들이 참 고생이 많았지. 물론 우리 어른들도 고생이 많았지만 말이다. 그러나 지금은 다 옛날 얘기야. 대견하다. 잘 참아주어서 고맙다. 이제 이 아빠는 너희들을 생각하며 힘과 용기를 내고 있단다. 고맙다. 아들들아!

너희도 직장생활을 시작했으니 그 직장의 일에 충실하도록 하여라. 기억하지? 우리 작은 아들, 군대 제대하고 학교에 돌아갈 때 '사랑하는 아들의 귀교를 앞두고' 라는 제목으로 내가 메모를 해준 것을……."

그런데 그 메모를 설명하는 중에 우리 아들이 반론을 제기했지. 그때 나는 '아하! 우리 아들이 다 컸구나' 하는 것을 느꼈어. 고분고분 들어주는 것도 필요하지만 경우에 따라서는 반론을 제기하는 일도 중요한 일이지. 그게 피드백이고 토론이기도 하지. 그래서 결국 시간이 허락하지를 않아서 이야기를 다하지 못하고 다음에 계속하기로 했잖아. 그런데 말이야. 교장선생님이라든지 윗분들이 이야기할 때는 순종하는 자세도 필요하다고 생각을 해. 참고하기 바란다.

좌우간 언제 다시 이야기를 하자꾸나. 방학 때든지 언제 시간을 내도록 하여라. 그건 그렇고 학교생활은 어때? 가르치는 일이 수월한 일이 아니다. 항상 겸손하게 배우면서 가르치도록 하여라. 윗분을 잘 모시고 동료들과 우호적으로 지내며, 특히 학생들 한 사람, 한 사람을 귀히 여기도록 하여라. 그리고 네가 걷는 그 길이 훗날 후배들의 이정표가 될 것이라는 서산대사의 시를 명심하길 바란다. 여기 참고로 그 시를 옮겨 본다."

눈 덮인 들판을 걸어갈 때
발걸음 하나라도 어지럽히지 마라.
오늘 내가 걷는 이 길은
뒷사람의 이정표가 될 것이니.

누구든 다 가족이 있게 마련입니다. 그 가족이 있음에 우리는 힘을 내고 살아갑니다. 부모자식간, 부부간, 형제자매간 등 모두 하나로 연결되어 있습니다. 우리는 하나입니다. 하나로서 협력하고 단합해야 합니다.

필자는 가족을 사랑합니다. 모든 분이 가족을 사랑합니다. 사랑하는 힘이 곧 위기를 극복하는 힘으로 나타나는 것이겠지요. "나의 가족 파이팅!" "우리 가족 파이팅!" "모든 가족 파이팅!"

| 위기극복의 근본 |

평소 관계문화를 중시하십시오. 그 속에 사는 길이 있습니다.
평소 아침 일찍 일어나십시오. 그 속에 성공의 길이 있습니다.
평소 밥을 맛있게 먹으십시오. 그 속에 힘의 원천이 있습니다.

평소 긍정적으로 생각하십시오. 그 속에 문제의 해법이 있습니다.
평소 활동을 적극적으로 하십시오. 그 속에 삶의 윤활유가 있습니다.

평소 사명을 가지십시오. 그 속에 인생의 지혜가 있습니다.
평소 꿈과 비전을 가지십시오. 그 속에 삶의 방향이 있습니다.
평소 선택과 집중을 하십시오. 그 속에 성취의 길이 있습니다.
평소 고정관념을 버리십시오. 그 속에 삶의 변화가 있습니다.
평소 무사안일을 타파하십시오. 그 속에 활력 인생이 있습니다.

평소 아름다움을 즐기십시오. 그 속에 감동적인 생활이 있습니다.
평소 어둠 속에서도 빛을 보십시오. 그 속에 희망이 있습니다.
평소 물처럼 겸손하십시오. 그 속에 힘이 내재되어 있습니다.
평소 바른 자세를 취하십시오. 그 속에 건강의 길이 있습니다.
평소 미운 자를 용서하십시오. 그 속에 행복의 길이 있습니다.

평소 감사함을 실천하십시오. 그 속에 마음의 평화가 있습니다.
평소 할 수 있다 생각하십시오. 그 속에 자신감이 있습니다.
평소 자신을 믿으십시오. 그 속에 잠재적인 능력이 있습니다.
평소 역발상을 하십시오. 그 속에 창조의 길이 있습니다.
평소 정성을 다하십시오. 그 속에 열정과 혼이 있습니다.

평소 빙그레 웃으십시오. 그 속에 엄청난 포용력이 있습니다.
평소 자기 각성을 하십시오. 그 속에 인생의 진리가 있습니다.
평소 시간활용을 잘하십시오. 그 속에 사는 비법이 있습니다.

평소 근면·성실 하십시오. 그 속에 부자의 길이 있습니다.
평소 용기를 가지십시오. 그 속에 CANDO 정신이 있습니다.

평소 호탕하게 웃으십시오. 그 속에 삶의 환희가 있습니다.
평소 타인을 칭찬하십시오. 그 속에 삶의 기쁨이 있습니다.
평소 나눔을 실천하십시오. 그 속에 사는 보람이 있습니다.
평소 관심을 가지십시오. 그 속에 주인정신이 있습니다.
평소 이웃을 사랑하십시오. 그 속에 삶의 공동체가 있습니다.

모든 것은 평소에 이루어집니다. 어느 날 갑자기 되는 것은 하나도 없습니다. 우리 눈에 그렇게 보일 뿐이지, 모든 것은 평소에 이루어짐을 명심하시기 바랍니다. 하인리히는 고객 분석을 통해 '1대 29대 300법칙'이란 것을 발견했습니다. 통계적으로 볼 때 심각한 안전사고가 한 건 일어나려면 그 전에 동일한 원인으로 경미한 사고가 29건, 크고 작은 경험들이 약 300건이나 일어난다고 합니다.

우리가 위기를 맞고 있다면, 이 위기도 평소 삶의 자세가 가져온 결과라고 생각을 합니다. 모든 일에는 원인과 결과가 있습니다. 잘못된 원인을 제공했기 때문에 잘못된 결과가 있는 것입니다. 따라서 위기극복의 지혜도 평소 삶의 태도에 달려있다고 해야 할 것입니다. 즉, 좋은 습관을 갖는 것이 모든 문제를 풀게 해주는 해법이라고 생각을 합니다. 그 속에 부와 번영의 길이 있습니다.

한 가지만 예를 들지요. 어떤 사람이 있습니다. 그 사람은 담배를 끊

어야 한다는 걸 알면서도 결단을 못 내리고 하루 이틀 지냅니다. 그러
는 동안에 몇 년이 흘렀습니다. 몸이 좀 이상한 듯해서 병원에 가서 진
단을 받아보니 폐암 3기가 떨어졌습니다. 이미 때는 지난 것이지요. 평
소에 위기가 공존하는 것을 그는 모른 듯합니다.

이처럼 위기는(기회는 물론) 우리와 늘 함께 함에도 불구하고 그것을
못 느끼는 경우가 있다는 것입니다. 당신은 어떻습니까? 당신을 해치는
적들을 과감히 물리치십시오. 과음, 담배, 향락……. 이런 것들이 당신
을 야금야금 좀먹어 들어가고 있다는 사실을 명심하시기 바랍니다.

'좋은 습관'을 갖는 게 위기극복의 근본 해법이 될 것입니다.

| 시련에 임하는 자세 |

두 사람에게는 씨앗이 한 톨씩 주어졌습니다. 두 사람은 각자 그 씨앗
을 심었습니다. 한 사람은 자신의 정원에서 가장 토양이 좋고 햇볕이 잘
드는 곳에, 다른 한 사람은 거친 토양의 산에 그 씨앗을 심었습니다.

자신의 정원에 씨앗을 심은 사람은 바람이 세차게 불어올 때면 나무가
흔들리지 않게 담장에 묶어두고, 비가 많이 오면 그 비를 피할 수 있도록
위에 천막을 쳐두기도 했습니다.

하지만, 산에 그 씨앗을 심은 사람은 아무리 세찬 비바람이 몰아쳐도
나무가 그것을 피할 수 있게 해주지 않았습니다. 단지 한 번씩 산에 올라

갈 때면 그 나무를 쓰다듬어주며 '잘 자라다오. 나무야' 라고 속삭여 자신이 그 나무를 늘 기억하고 있다는 사실만 일깨워 주었습니다.

20년이 지난 후……. 정원에 있는 나무는 꽃을 피우기는 했지만 지극히 작고 병약했고, 산에서 자란 나무는 이웃 나무들 중에서 가장 크고 푸른빛을 띤 튼튼한 나무로 자라나 있었습니다.

시련과 혼란, 아픔과 갈등 없이 좋은 성과를 바라지 마십시오.

산에서 자란 나무는 비바람과 폭풍우라는 시련을 피하지 않고 당당하게 맞이한 대가로 그렇게 웅장한 모습으로 산을 빛낼 수 있었던 것입니다. 아픔과 실패 없이 거둔 성공은 손안에 쥔 모래처럼 허무하게 사라져가는 것입니다. 지금 그대에게 주어진 모든 시련에 감사하십시오. 그것이야말로 그대가 가장 소중히 여겨야 할 행복의 씨앗입니다.

– 퍼온 글

우리 몸에는 60조~100조 개의 세포가 있는데 그 세포들은 주인의 충직한 심부름꾼들입니다. 주인의 '살아야겠다. 살기 위해서는 좀 힘든 일도 해야겠다' 고 다짐하면 그 세포들도 정신을 바짝 차린다는 것입니다. 그러나 주인의 '너무 힘들어서 그만 해야겠다. 이제 죽어도 할 수 없다' 고 포기하면 그들도 따라서 기진맥진한 상태가 된다는 것이지요. 그러니 주인장은 늘 자신 있는 태도와 자세로 의연하게 대처해야 합니다.

대개 우리는 시련을 만나면 두 가지로 생각을 합니다. 첫째, ‘이 시련은 나를 단련시키는 찬스라고 생각하는 사람이 있는가’ 하면, 둘째, ‘아이고, 죽었구나! 이 일을 어떻게 해!’ 하고 절망적으로 생각하는 사람도 있습니다. 찬스라고 생각을 하면 그 시련이 축복이요, 영광일 수도 있지만, 절망적이라고 생각하는 사람은 인생의 큰 비극이 될 수도 있습니다.

따라서 시련을 만나면 ‘내가 발전할 수 있는 기회가 다시 왔구나!’ 하고 긍정적으로 받아들이십시오. 그러면 우리의 온 마음은 그것을 해결할 수 있는 쪽으로 움직여 간다는 것입니다.

1997년 미국의 커뮤니케이션 이론가 폴 스톨츠는 IQ나 EQ보다 AQ(Adversity Quotient ; 역경지수)가 높은 사람이 성공하는 시대가 될 것이라고 발표했습니다. 역경지수란 수많은 역경과 난관에도 굴복하지 않고, 긍정적인 발상으로 도전하여 목표를 성취하는 능력을 말합니다.

밤이 깊으면 새벽은 멀지 않습니다. 혹한의 겨울에도 새싹이 돋아날 준비를 합니다. 역경을 극복하는 힘은 원래부터 나한테 있습니다. 내가 극복할 수 없는 것은 나한테는 주어지지 않습니다. 이 시련이 엄청난 것 같아도 내가 해결할 수 있는 범위 내에 있다는 것입니다.

또한 시련을 극복하면서 우리는 그만큼 강해져 갑니다. 아픈 만큼 성숙해진다는 말이 있지 않습니까. 그렇다면 오히려 시련을 불러들여야 합니다. 미국이나 서양의 사람들은 아이들을 강하게 키우는데 비해서 우리는 편안한 것을 좋아합니다. 잘못됐다고 생각지 않습니까.

올림픽 같은 데서 메달을 따서 국민들에게 기쁨을 주는 사람도 강한 훈련의 덕분입니다. 자강불식(自强不息)이라고 했습니다. 쉬지 말고 강해지자는 얘깁니다. 그것이 우리를 위기에서 구하는 길이 아닐는지요?

| 원치 않는 일을 즐겁게 하는 방법 |

옛날 어느 나그네가 길을 가다가 세 사람의 석공이 돌을 쪼는 일을 하는 것을 보았습니다. 그런데 재미있는 것은 세 사람이 똑 같은 일을 하고 있었지만, 표정은 각기 다른 모습을 하고 있었다는 것입니다.

한 사람은 인상을 잔뜩 찡그린 채 일을 하고 있었고, 한 사람은 무표정한 모습으로 그리고 다른 한 사람은 환하게 웃으며 일을 하고 있었던 것입니다. 나그네는 그 이유가 궁금해서 물어보기로 했습니다.

먼저 인상을 잔뜩 찌푸린 채 일하는 사람에게 다가가서 물었습니다. "당신은 몹시 어디가 불편하신 것 같군요. 왜 그렇게 인상을 쓰고 계십니까?" 그가 퉁명스럽게 대답을 합니다. "먹고살기 위해 하기 싫은 일을 어쩔 수 없이 하는데 당신이면 기분이 좋겠습니까?"

이번엔 싱글벙글 웃으며 일하는 사람에게로 다가가서 물어봅니다.

"당신의 얼굴을 보니 몹시 행복한 것 같군요. 무슨 좋은 일이라도 있습니까?" 그러자 그의 대답은 이랬습니다. "생각해보십시오. 제가 쫀 돌로 대성전이 지어진다는데 얼마나 영광이겠습니까? 그래서 저는 정성을 다해서 기쁜 마음으로 돌을 쪼고 있습니다."

당신이라면 어떻겠습니까? 바로 당신이 이 석공 일을 한다고 생각해보십시오. 먹고살기 위해서 일하다 보니까 짜증이 절로 나십니까? 아니면 행복하게 일하십니까? 바로 그것이 성공과 실패의 분기점이라는 거지요. 당신이 일하는 모습이 당신의 운명을 좌우합니다. 짜증을 내면서 일한다면 그 자리마저 잘릴지 모릅니다.

그러나 웃으면서 일한다면 그건 성공으로 가는 열쇠입니다. 즐겁게 일을 하면 그 자체가 행복한 것입니다. 또한 성과도 오릅니다. 그는 필연코 누군가에 의해서 픽업이 될 것입니다. 그래서 한 부서의 장으로 출세할 수도 있지 않겠습니까? 인생에 계급이 있다면 말단에서 최상위로 올라갈 수 있는 길인지도 모릅니다. 과거에 보면 동네 이장 하던 분이 무슨 장관으로 발탁이 되었다는 이야기가 있습니다. 대단한 출세이죠.

'국민 행복부'가 있다면 그도 동네 이장하다가 장관으로 발탁되는 경우처럼, 국행부의 장관으로 발탁이 되어도 손색이 없지 않겠습니까? 그 이유는 첫째, 즐겁게 일합니다. 그 자체가 행복을 가져오는 길이기 때문입니다. 둘째, 웃는 표정이 너무 즐겁습니다. 사람들은 그 표정에서 행복을 느끼는 것입니다. 셋째, 그는 무슨 일을 해도 즐겁게 일할 것입

니다. 일에는 귀천이 없는 그의 마음이 순수해서 어떤 일을 해도 그는
행복할 수밖에 없는 사람일 것입니다.

그런 그가 한 조직의 리더가 된다면 그의 기쁨이 그 조직 전체로 번
질 수도 있을 것입니다. 세상을 살아가다 보면 원치 않는 일을 해야 하
는 경우가 누구한테나 종종 있습니다. 이런 경우 대부분은 두 그룹으로
나뉘게 됩니다. 마지못해 움직이는 그룹과 적극적으로 임하는 그룹으
로, 또는 불평불만을 하는 그룹과 기꺼이 수용하는 그룹으로 나뉘게 됩
니다.

당신은 어디에 해당되십니까? 마지못해 움직이십니까? 아니면 기꺼
이 움직이십니까? 당신의 응대하는 자세가 당신의 운명을 갈라놓는다
해도 과언이 아닐 것입니다. 어차피 해야 할 일이라면 기분 좋게 하십
시오. 피할 수 없는 일이라면 즐겁게 맞이하십시오. 그게 성공의 길이
요, 행복의 길이기 때문입니다. 또한 위기극복의 지혜이기도 합니다.